Wilhelm Sasnal

CAC MÁLAGA
CENTRO DE ARTE CONTEMPORÁNEO DE MÁLAGA

27 NOVIEMBRE 2009 - 24 ENERO 2010
27 NOVEMBER 2009 - 24 JANUARY 2010

cacmálaga Centro de Arte Contemporáneo de Málaga

Ayuntamiento de Málaga

AYUNTAMIENTO DE MÁLAGA

Francisco de la Torre Prados
Alcalde

Miguel Briones
Delegado de Cultura

José Óscar Carrascosa
Director General de Cultura, Educación y Fiestas

Javier Ferrer
Coordinador General Gerente

María Teresa Barrau
Secretaria de la Comisión

EXPOSICIÓN

Fernando Francés
Comisario

Helena Juncosa
Gestión Cultural y Comunicación, S. L.
Organización y Coordinación

Victoria Ruiz
Actividades Culturales

Elena Padrón
Alberto Ricca
Almudena Ríos
Comunicación e Imagen

Inés Fernández
Pilar Díaz
Silvia Álvarez
Actividades Pedagógicas

TDM. Transportes y Montajes de Arte, S. L.
Transporte

Ferrer & Ojeda Asociados
Heath Lambert Group
Nationale Suisse
Seguro

Juan Pedro Carnés
Mihail E. Plesanu
Montaje

COLABORADOR
Instituto Polaco de Cultura en Madrid

2016.
málaga candidata capital europea de la cultura

CAC MÁLAGA

Fernando Francés
Director

Mª José García
Ana Moreno
Gerencia

Alicia Bustamante
Administración

Almudena Bocanegra
Adjunta Dirección

Helena Juncosa
Ana Umbría
Exposiciones

CATÁLOGO

Fernando Francés
Fernando Huici
Textos

Alberto Ricca
Diseño

Discobole, S. L.
Traducción

Stefan Altenburger, Zúrich (p. 37)
Jon Etter, Zúrich (p. 47)
José Luis Gutiérrez, Málaga (pp. 19, 53 y 57)
Barbora Gerny-Vojtěchová, Zúrich (p. 33)
Cortesía Hauser & Wirth
Fotografía

Artes Gráficas Palermo, S.L.
Impresión

ISBN: 978-84-96159-85-3

Depósito Legal: MA-3208-2009

AGRADECIMIENTOS

Laura Bechter
Florian Berktold
Maria Brassel
Melanie Dankbar
Friedrich Christian Flick
Angelika Felder
Pawel Gardynik
Ursula Hauser
Anna Helwing
Izabella Jagiello
Joanna Karasek
Julia Lenz
Gregor Muir
Patrick Peternader
Marc Payot
Fernando Sainz de Vicuña
Eric & Suzanne Syz
Eulogio Sánchez
Riitta Valorinta
Virpi Nikkari
Iwan Wirth
Manuela Wirth

Friedrich Christian Flick Collection
Instituto Polaco de Cultura en Madrid
Hauser & Wirth
Hauser & Wirth Collection, Suiza
Ursula Hauser Collection, Suiza
Johnen Galerie, Berlín
Sara Hildén Art Museum, Tampere, Finlandia

Nuestro agradecimiento muy especial Wilhelm Sasnal sin cuyo apoyo, implicación y entusiasmo esta exposición no hubiera sido posible.

ÍNDICE | CONTENTS

FRANCISCO DE LA TORRE PRADOS | Alcalde de Málaga

Wilhelm Sasnal, sin duda uno de los artistas europeos más renovadores e influyentes del momento, presenta una nueva exposición en el CAC Málaga. Ésta es su exposición individual más importante en España, donde hace un recorrido por sus últimos diez años de creación artística.

Una veintena de obras y un película componen la exposición. Los temas que pinta los extrae de la vida cotidiana y pueden ser tanto detalles superficiales, como relacionados con la publicidad, los periódicos, el cine o la literatura. Es el caso de los atletas compitiendo o los hombres quemando cómics que podemos encontrar en la nueva exposición del CAC Málaga. A simple vista, pueden parecer objetos fáciles de identificar, pero en realidad esconden una complejidad en cuanto a la historia que hay detrás.

Por ello, aprovecho estas líneas para invitar a malagueños y foráneos a descubrir esta nueva propuesta del CAC Málaga, así como para agradecer su implicación personal en el proyecto a Wilhelm Sasnal. No cabe duda que iniciativas de este tipo nos impulsan a continuar trabajando día a día para lograr que Málaga sea Capital Europea de la Cultura 2016. No en vano, Sasnal es polaco y también habrá una ciudad polaca que comparta la citada capitalidad con otra española, que confiamos sea Málaga.

La visión europea del arte contemporáneo es precisamente uno de los ejes sobre los que se asienta nuestro proyecto y también nuestro trabajo habitual desde hace años.

FERNANDO FRANCÉS | Director del CAC Málaga

Wilhelm Sasnal es, posiblemente, el máximo exponente de la nueva generación de artistas europeos. En sus obras encontramos referencias a la estética pop, fotorrealismo, cómic, incluso minimalismo. Sus creaciones, ya sean pinturas o vídeos, son un reflejo de temas sacados de la vida cotidiana o del momento político actual, local o global. Sasnal es un artista impulsivo, con un rápido estilo de ejecución; la espontaneidad y la intuición están presentes de manera muy significativa en sus creaciones, estableciendo una comunicación directa con el espectador gracias a su capacidad para traducir complejos escenarios en realidades pictóricas.

Wilhelm Sasnal (Tarnów, Polonia, 1972) presenta en el Centro de Arte Contemporáneo de Málaga su exposición individual más importante en España, país donde se ha podido ver muy poco su obra pero donde tiene una notable presencia en colecciones de toda índole. Una veintena de obras y una película de 2006 muestran un recorrido por los últimos diez años de creación del artista polaco más reconocido del momento; obras que van desde la abstracción a la figuración y que reflejan su enorme capacidad de adaptación estilística y técnica.

El trabajo de Wilhelm Sasnal se desarrolla entre la realización de películas y la pintura. Está inspirado en la propia existencia del artista, en su vida cotidiana, en su relación con el mundo y con el lugar donde vive y trabaja, Polonia, en sus relaciones familiares… Sasnal aborda temas banales o cuestiones relacionadas con la publicidad, el cine, la literatura o los medios de comunicación, por los que siente una fascinación realmente especial.

La exposición de Wilhelm Sasnal en el CAC Málaga descubre a un artista que interpreta su entorno mediante una lectura subjetiva e íntima. Sus pinturas, de marcado carácter intelectual, esconden siempre una gran complejidad en su historia subyacente. En ocasiones son cuadros figurativos, otras veces más expresionistas, abstractos o esquemáticos.

Por tanto, esta nueva exposición del Centro de Arte Contemporáneo de Málaga deja claro su interés por acercar a todos los ciudadanos las tendencias artísticas contemporáneas más representativas del panorama internacional. Wilhelm Sasnal pertenece a esa generación de artistas que se sirven del arte para editar su propia vida, lo que convierte sus creaciones en obras ricas y difícilmente clasificables. A pesar de ser aún considerado como emergente, la reputación que Sasnal ha alcanzado a nivel internacional ha convertido a su país de origen, Polonia, en punto de referencia del arte actual.

ESA COSA ESQUIVA, LA PINTURA | Fernando Huici

Wilhelm Sasnal ha sido una presencia recurrente en buena parte de las muestras de impacto que, en el transcurso de la presente década, han venido a proponer, desde perspectivas diversas, algún tipo de balance acerca del estado de la cuestión dentro del terreno de la pintura, en torno al horizonte del cambio de siglo. Así, en 2002, antes incluso de que hubiera realizado su primera exposición personal fuera de Polonia, lo encontrábamos ya incluido en proyectos como *Urgent Painting* del Musée d'Art Moderne de la Ville de Paris o *Painting on the Move* de la Kunsthalle de Basilea; tres años más tarde, de nuevo, en la segunda entrega de *The Triumph of Painting*, ciclo que venía a conmemorar el décimo aniversario de la Saatchi Gallery y, de forma más reciente, en *The Painting of Modern Life* de la Hayward londinense e *Imagens em pintura* del Museu Serralves. Su inclusión en tales colectivas venía, por supuesto, de entrada a señalarlo como uno de los representantes distintivos por excelencia de los nuevos comportamientos pictóricos que afloraban en la escena europea. Pero, en buena parte de ellas, además –como es el caso de la muestra de Basilea y de las dos últimas citadas– se le asociaba también de una manera ya más específica a aquella estirpe de pintores que toman como base de partida de su trabajo materiales fotográficos.

Y es cierto, en todo caso, que Sasnal ha venido haciendo, en el curso de su trayectoria, un uso instrumental de la fotografía como fuente referencial de origen de su pintura. Fotografía, hay que advertir, que ha de entenderse en el sentido más extenso, pues en cuanto que detonante de sus composiciones y series icónicas, abarca indistintamente ya sean instantáneas tomadas por el propio artista o fotogramas de películas, así como imágenes derivadas de toda suerte de medios gráficos o de la web. De ellas hará todavía, en su andadura temprana, y en la estela de la estrategia de distanciamiento asociada a la querencia pop compartida en la etapa de su integración en el colectivo Ladnie durante la segunda mitad de los noventa, una traslación inmediata, gélida y radicalmente literal al lienzo, que pretende eclipsar toda pulsión subjetiva y estetizante. Manera a la cual aún cabría asociar, dentro de la selección que com-pone la muestra del CAC Málaga, la secuencia desplegada por el ciclo de *atletas* o una tela como *Untitled (Burning cartoons)*, obra, esta última, que a su vez remite a esa confrontación de la historia contemporánea polaca que emerge cíclicamente en el trabajo de Sasnal.

Más arduo resulta, sin embargo, seguir reconociendo el vínculo fotográfico en la evolución que impulsa su apuesta creativa con el avance de la última década. Pues como el propio artista señalaba, en declaraciones efectuadas con ocasión de la colectiva de la Hayward, a partir de 2002 había de buscar, de manera paulatinamente creciente, imponer "el máximo distanciamiento entre la fuente fotográfica y la imagen pintada, de modo que el cuadro final resulte –nos dice– en verdad autónomo". Dicho proceso, que altera radicalmente el enfoque de la ejecución pictórica, desemboca finalmente en esa babel sintáctica que suelen destacar, con reiterada insistencia, tantos acercamientos críticos al trabajo de Sasnal cuando afirman que la dicción de su pintura despliega un espectro aleatorio que abarca, entre otros, desde el hiperrealismo o la dicción pop hasta el desgarro expresionista o la abstracción de corte tanto informal como geométrica. Alcanzado ese punto, uno tiene la impresión de que, a la postre, ni la alusión a la persistencia en el empleo de detonantes fotográficos, ni la mera enumeración de ese abanico tentacular y azaroso de códigos de lenguaje nos dicen ya en rigor gran cosa. O, al menos, no lo esencial en relación con la naturaleza concreta que, en su caso, distingue a esa cosa, siempre esquiva, que es la pintura, como tampoco nada del proceso de gestación que determina la identidad particular de cada tela o serie.

Acerca del papel que la fotografía cumple en esa deriva más reciente, resulta esclarecedor el ejemplo que el propio artista describe en una conversación mantenida con Maria Brewinska. Cuenta Sasnal haber visto aquel mismo día, mientras conducía, un cuervo que llevaba algo en el pico y eso le habría sugerido la posibilidad de que allí hubiera un punto de partida para un posible cuadro. El siguiente paso sería olvidar esa primera imagen, que actúa tan solo como botón de encendido que pone en marcha el mecanismo, y comenzar a rastrear en la red otras muchas fotos de cuervos, las más posibles, sin buscar nada en concreto, hasta que finalmente una se imponga por sí misma, sin que medie una elección consciente, como germen definitivo de la tela. Viene luego el desarrollo de la ejecución pictórica, que Sasnal define, en términos muy gráficos, como semejante a "excavar un agujero en tu propio estómago", un proceso de indagación introspectiva en el curso del cual la tipología concreta de la tela quedará determinada. En rigor, puede que ni aquella primera visión casual ni la imagen fotográfica que finalmente se impone como germen instrumental, sean realmente en sí mismas el tema o motivo nuclear de la tela sino, antes bien, elementos de mediación que permitan aflorar el modo de abordarlo. Los temas a los que remiten en definitiva los lienzos de Sasnal pueden ser de orden muy amplio y diverso, ya sean vivencias del propio artista o percepciones del devenir cotidiano, referencias al cosmos del objeto, a la adolescencia como tránsito iniciático, a la religión, a la conciencia infame del Holocausto o al tiempo de la república socialista. Bien a menudo el enfoque de acercamiento tiende a ser oblicuo, tomar un elemento parcial o marginal para evocar el asunto. Por ejemplo, a partir de sus escenarios, como hace en vistas de ciertos parajes urbanos para evocar un episodio o vivencia asociados al periodo socialista o cuando aísla, en una serie de 2001, los fondos de las viñetas del *Maus* de Spiegelman para despertar, mediante el trazado inerte de esas estancias, el clamor de una ausencia abominable. Incluso llega a condensar la apelación al motivo en una fecha, como parece hacer de nuevo, en negativo, en el caso de *1977*, presente también en el CAC Málaga, con el perfil de las cifras recortado en la tela, de cuyo hueco se diría que mana, tal que sangre, chorreando el óleo. Por cierto, no es esta la única pieza de la muestra ideada para Málaga en la que el artista orada la superficie del lienzo, un recurso incorporado por Sasnal en los últimos años. De los dos bodegones incluidos en la selección, uno invoca al conjunto de objetos "en ausencia", a partir de su silueta seccionada a cuchilla en el gran hueco abierto en el centro de la composición. Y de igual modo reencontramos, en otros términos, ese recurso a la totalidad sugerida a partir de la focalización de uno de sus elementos, en una conocida composición de 2003, *Anka and Ewa*, donde se impone el perfil de la compañera del artista, tras el que intuimos, confundido con la sombra que su cabeza arroja sobre el fondo y casi como un halo que de ella misma irradiara, la silueta esbozada de la segunda mujer invocada en el título. Un enfoque casi idéntico al de otra tela de Sasnal, con el fuste de una columna en primer término y donde el eco apenas de las restantes que tras ella se alinean, bastan para sugerir, en su elocuente resonancia, el interior de un templo.

Pero existe a su vez, sabemos, en el hacer de Sasnal otra deriva, paralela a la pintura y no menos importante que ésta, cuyo origen se remonta de hecho casi también hacia el arranque de su formación en la Academia de Bellas Artes de Cracovia. Me refiero, claro está, a la faceta de cineasta, campo que comienza a explorar desde mediados de los noventa, impulsado por la fascinación que sentía por los trabajos de animación experimental de su compatriota Ryszard Antoniszczak. Cine, conviene insistir, que no vídeo, pues Sasnal rueda sus películas en Súper 8 ó 16 milímetros, dado que prefiere la cualidad material del fotograma, su densidad específica, que considera similar a la del óleo, así como la condición enigmática de la imagen sustentada por el haz de luz que atraviesa el espacio en penumbra. Algo que parece reivindicar en una película de 2007, que arranca con unas actuaciones encadenadas de Elvis, bajadas de la red a la pantalla de un portátil, que gira en torno al eje de un micrófono suspendido que recoge el sonido del propio ordenador; secuencia que, en la segunda parte del filme, veremos de nuevo por entero, pero ahora sobre el muro de una estancia, brotando –cine dentro del cine– del proyector que preside el centro de la escena.

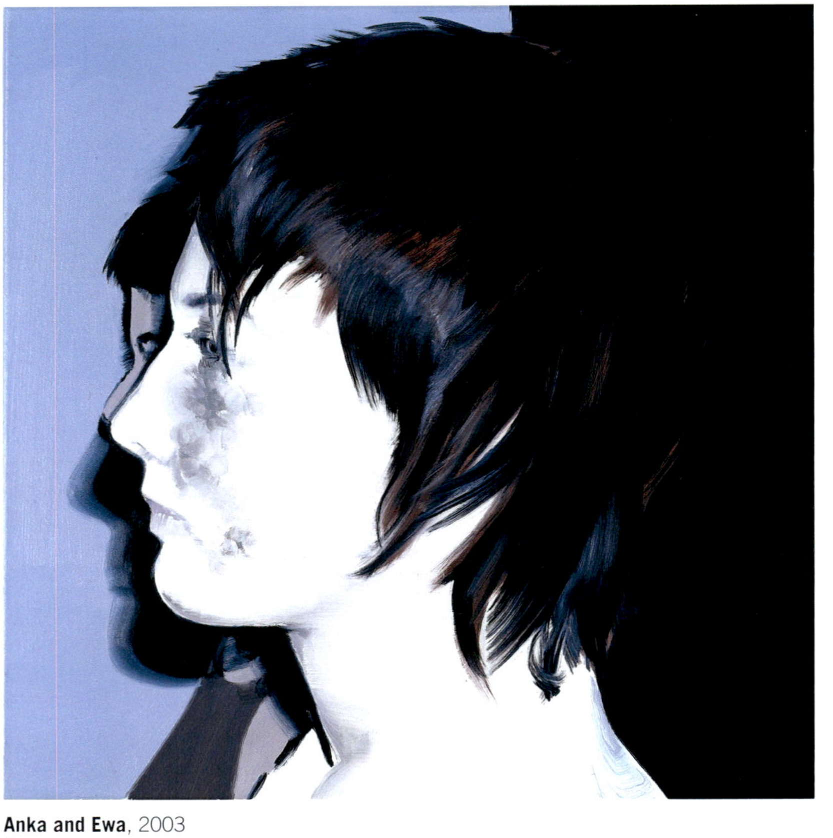

Anka and Ewa, 2003
Óleo sobre lienzo / Oil on canvas
35 x 35 cm
Colección particular / Private collection
Cortesía / Courtesy Hauser & Wirth

Es cierto, por supuesto, que el cine de Sasnal –cuya heterogeneidad y dispersión, en cuanto a la exploración de recursos expresivos, es de calibre semejante a la de los lienzos– abre en principio un territorio enteramente distinto al de la pintura. Su despliegue y modulación en el tiempo, que lo acercan a la esfera de la música, con la que tan a menudo entrelaza la cadencia de la imagen, como la propia construcción narrativa, le impulsan a explorar, en la lógica y recursos inherentes al medio, cuestiones y formulaciones expresivas de otro orden. Podrá tomar, de hecho, una vía analítica edificada a partir de la superposición e interacción de distintos soportes audiovisuales, como ocurría en el caso de la película descrita hace un momento o apostar, como ocurre en el título proyectado en el marco de la presente exposición, por una poética de aproximación documental más ambiciosa y compleja. De duración considerable, *The Ranch*, filmada en 2006, es una suerte de *road movie* que vierte su mirada, singular y paradójica, en las entrañas de la América profunda. Contiene en su recorrido secuencias de crudeza implacable, como la escena del rancho que le da título, en la que marcan a fuego y castran a los terneros para, a renglón seguido y sin empacho, asar in situ los testículos recién emasculados y merendárselos; también encuentros hilarantes, al tipo enfundado en un disfraz de Mickey, que escala una montaña de pacotilla, mientras sentados en la falda le aguardan Goofy y su amada Minnie.

Aún así, a mi entender, con frecuencia nos topamos en los filmes de Sasnal con vectores de confluencia elocuente hacia el cosmos paralelo de los lienzos. Y no me refiero tanto a la mera presencia en las películas de querencias y motivos icónicos que encontramos repetidamente en los cuadros –los parajes urbanos, los objetos, los *cowboys*, los aviones...– sino a registros de orden más sofisticado que revelan, creo, aspectos sustanciales con relación a la mirada pictórica. Buen ejemplo de ello lo tenemos en otra película temprana de 2002, *The Band*, curiosamente sin sonido, en la que Sasnal filma cámara en mano la actuación de un grupo musical en una discoteca. Rodada sin otra luz que la propia iluminación escénica del concierto, sobre la pantalla en negro irrumpen aleatoriamente fugaces destellos de los músicos y sus instrumentos, de los cuerpos que danzan ante el estrado; a menudo tan fragmentarios e inconcretos, que se diría, de entrada, que lo que contemplamos es una secuencia de animación abstracta. El primer elemento al que la luz otorga un protagonismo manifiesto, bien que por un instante, es la batería. Lo que nos brinda un nexo con otra de las telas de la exposición, *A drum set 2*. Aun así, la coincidencia del motivo objetual no es lo relevante, sino otro punto de analogía más sutil que enlaza el tratamiento dado en uno y otro caso: la relumbrante agitación de la batería filmada bajo el impacto súbito de los focos, la dinámica pugna que los discos establecen, en el cuadro, entre luz y tinieblas. Y otro tanto ocurre en otro corto rodado el mismo año. En plano fijo, la cámara se enfrenta a una ventana que enmarca la lechosa claridad de un exterior evanescente e impreciso. Sobre el cristal se recorta, a contraluz, el perfil de una cabeza de muchacha. Como tantas otras veces en la pintura de Sasnal, un rostro que nos elude. También, de nuevo, entre los cuadros de la exposición, el contraluz de ese cuerpo tenebroso, trasunto del "espinario", de una tela de 2007, como el personaje cabizbajo en la desangelada estancia de *A club*, o aquel otro que tan sólo un impacto de luz sobre nariz y mentón o en el dorso de la mano permiten adivinar agazapado en su negra guarida. En la película, tan solo la silueta que traza el límite entre luz y sombra identifica a la joven. De pronto, por la izquierda entra en campo otra cabeza emboscada y ambas se funden en un beso que diluye sus perfiles respectivos en una única, informe y ondulante mancha de negrura. Un tema, por cierto, que Sasnal ha vuelto a abordar en una pintura reciente, composición con dos cabezas besándose, que confunden sus rostros por igual en la continuidad indistinta de la carne. Y podríamos seguir. Con *Sisters* por ejemplo, de 2004, donde el plano fijo general presenta, a modo de *tableau vivant*, a tres chi-

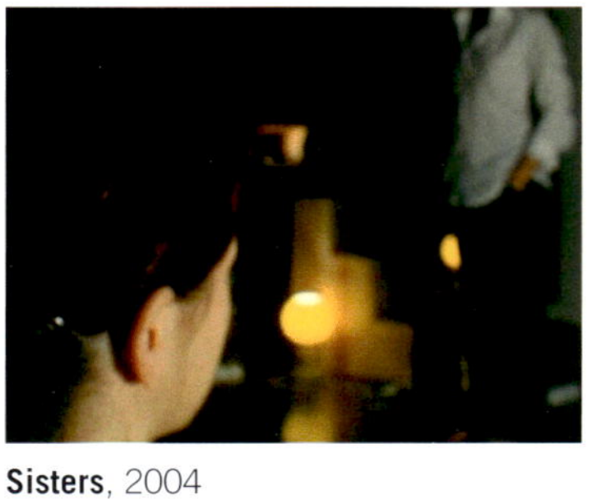
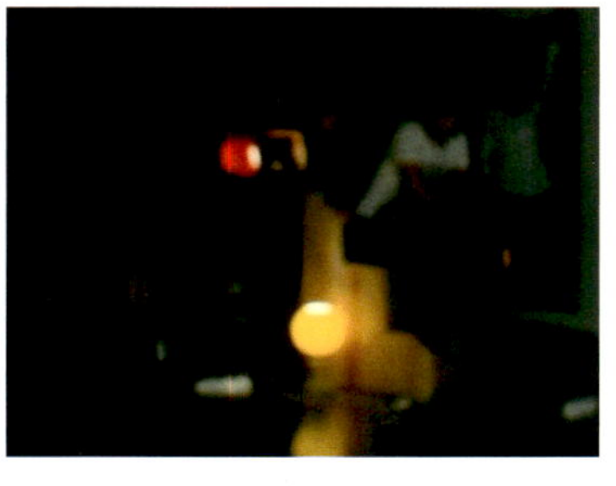
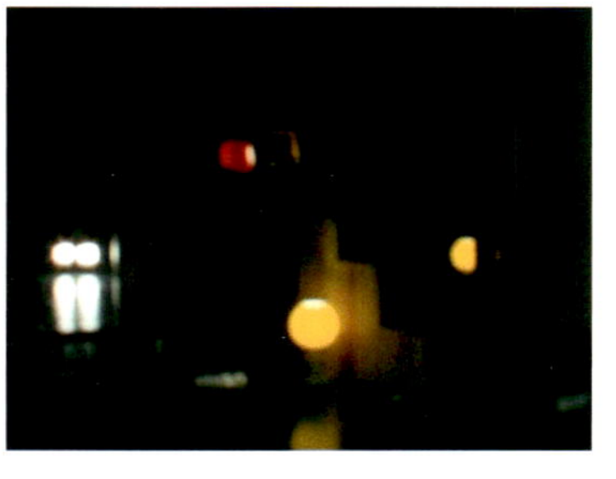

Sisters, 2004
Película a color 16 mm, sin sonido, loop / 16 mm colour film, without sound, loop. 3"

cas estáticas en una estancia, que varían por dos veces su disposición escénica y con ello la composición, efecto acentuado a su vez al final con un cambio radical de la iluminación que provoca, cabía esperar, un contraluz cegador. Por supuesto, tampoco aquí veremos sus caras. Ni la de la joven que, en primer término, vuelve el rostro hacia sus hermanas, ni la de aquella que luego, de pie, queda con la cabeza fuera del plano, ni tampoco en las que, al fondo, permanecen en penumbra.

Advertimos sin duda, con lo hasta aquí desgranado atendiendo indistintamente al cine y la pintura, que toda esa constelación de rasgos entresacados, de forma un tanto caprichosa y parcial, de la producción polimorfa y voluntariamente asistemática de Wilhelm Sasnal, acaba sedimentando finalmente un poso revelador donde es posible identificar el rastro de ciertas articulaciones y estrategias poéticas donde, más allá de la mera apelación al empleo de la fotografía o a la ecléctica itinerancia entre toda suerte de códigos plásticos, parece dibujarse de manera más cierta el núcleo de sentido formulado por nuestro artista. Pues es por supuesto cierto que Sasnal, nacido ya plenamente consumado el naufragio del sueño de la modernidad, entiende que no cabe fiar la esperanza en un único código, absoluto e inquebrantable, como no cabe tampoco desligar, como cosas distintas, la realidad del replicante caleidoscopio especular que edifican las tecnologías de circulación de las imágenes. Ambas cosas están implícitas, que duda cabe, en su apuesta. Y las dos participan, por supuesto, en el marco instrumental de la operación. Pero no sitúan su centro, esa senda que se traza mediante un sinfín de esquinadas percepciones, desvíos, embozos y lacerantes destellos arrancados a la noche, que el artista recorre arduamente en pos del enigma que palpita en el seno de una visión inabordable.

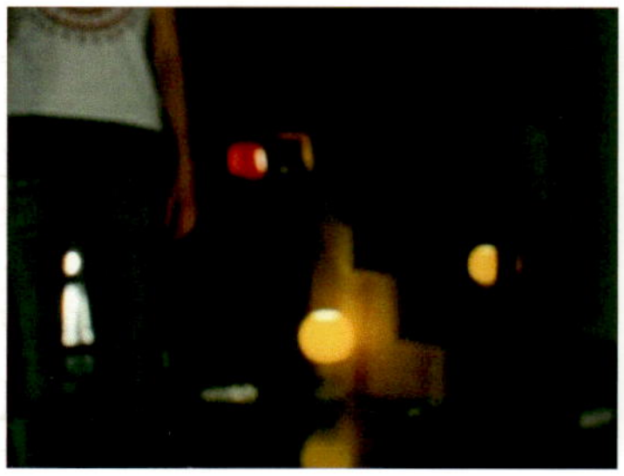 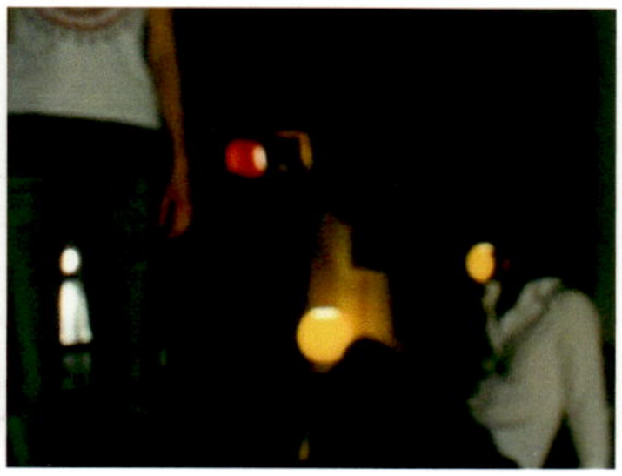 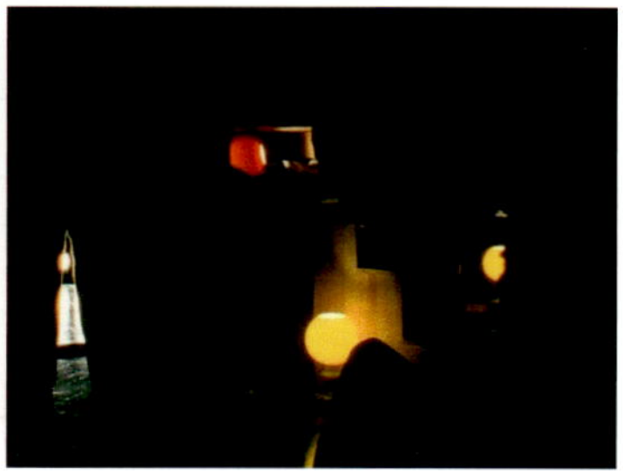

 Untitled, 2000

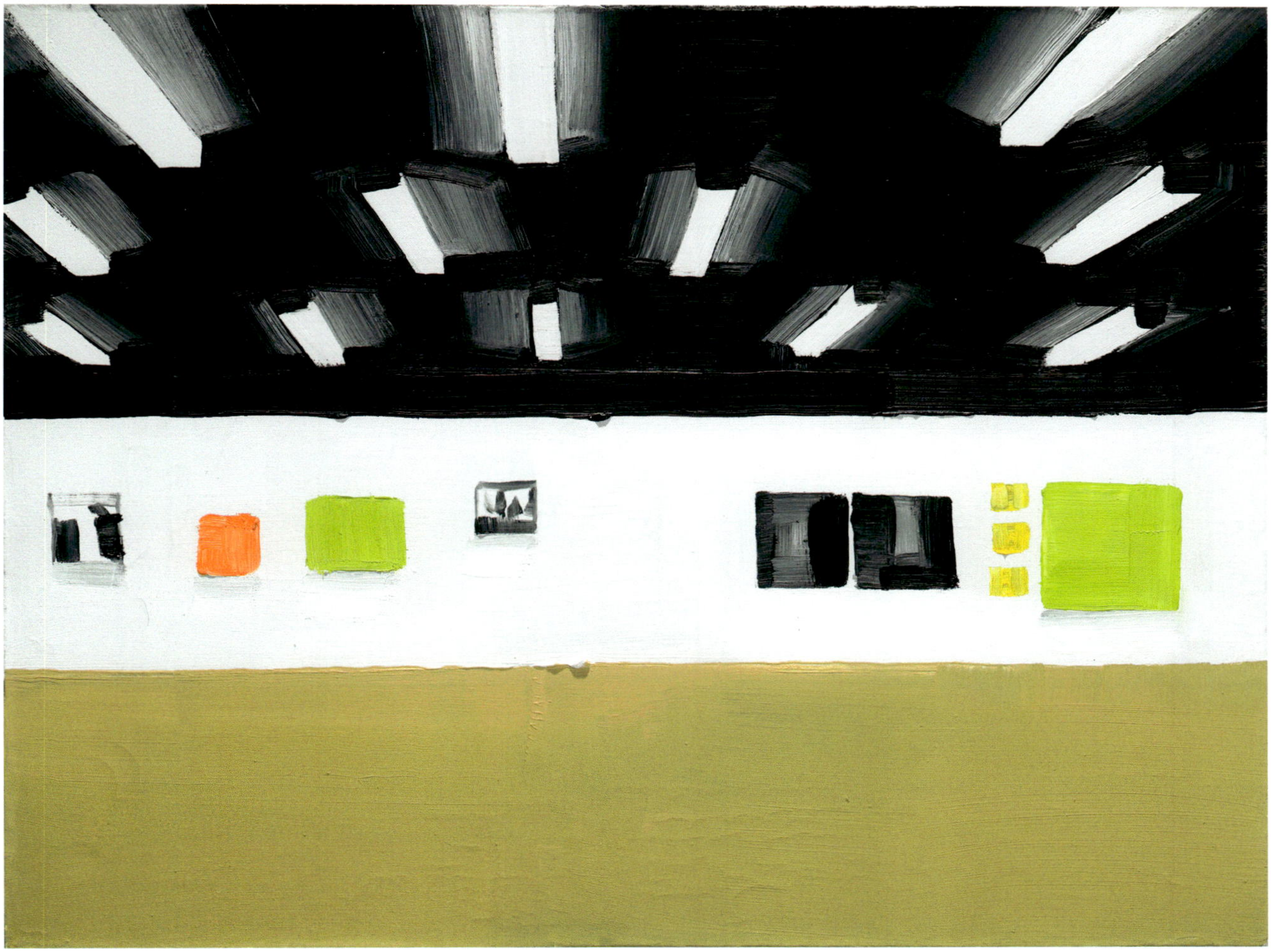

 Untitled (Athletes), 2001

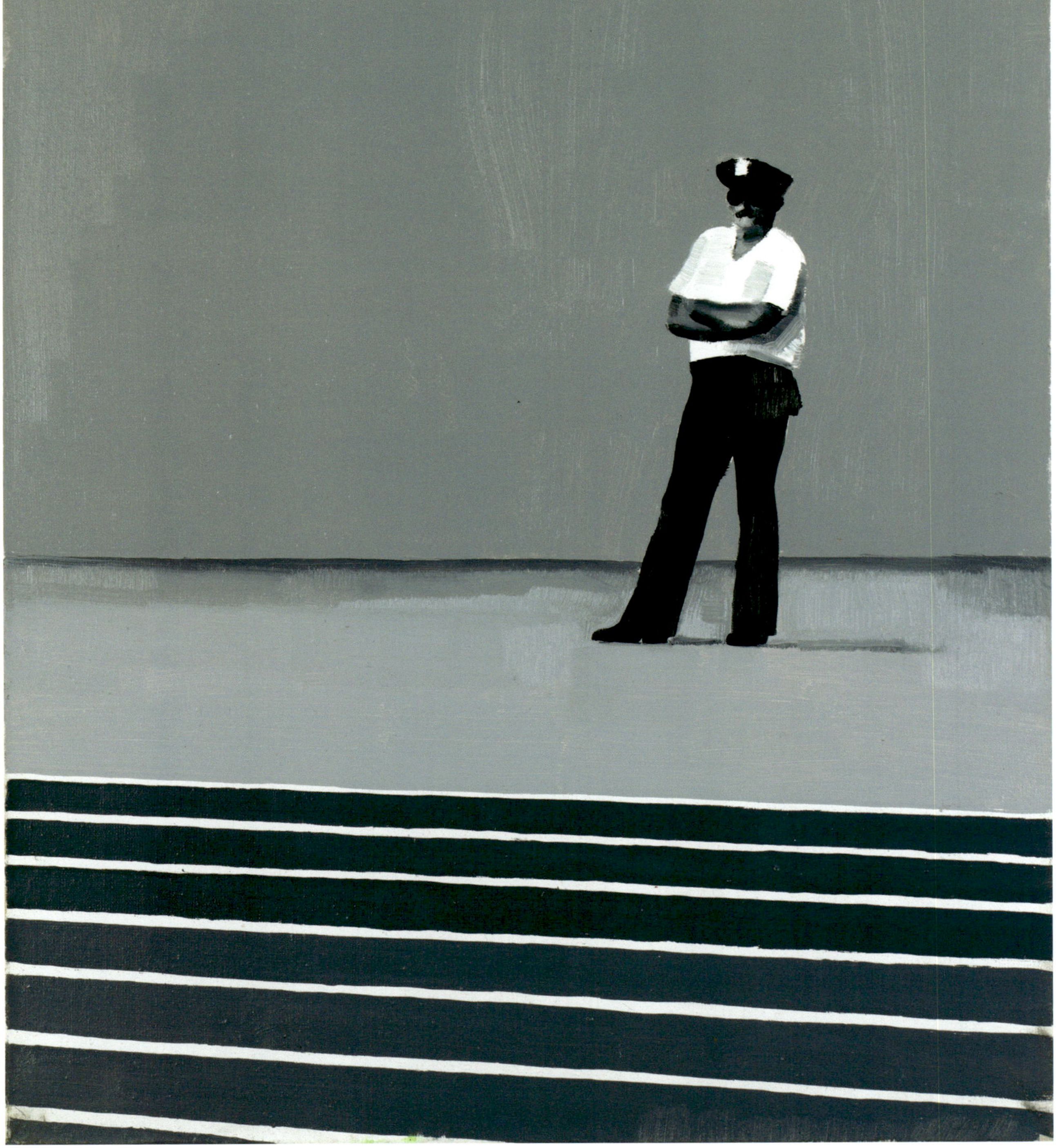

24 Untitled (Athletes), 2001

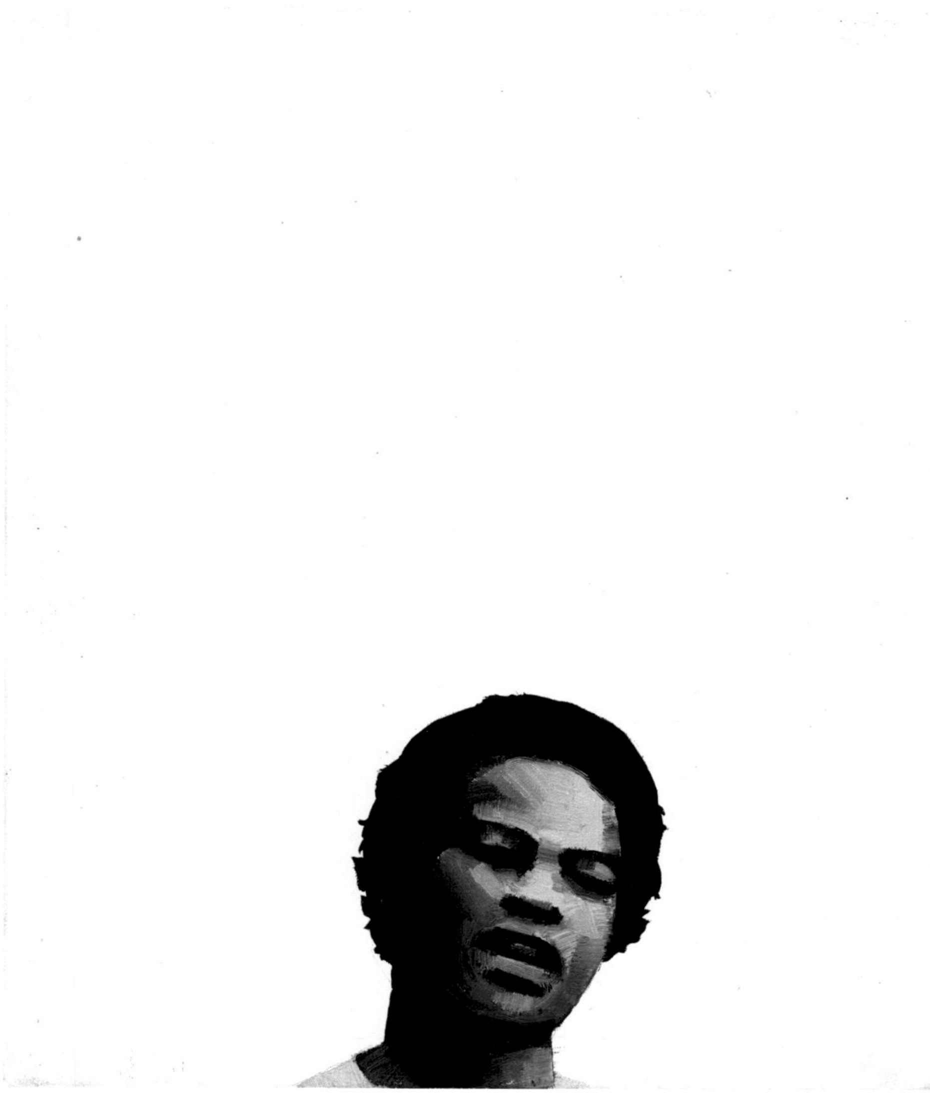

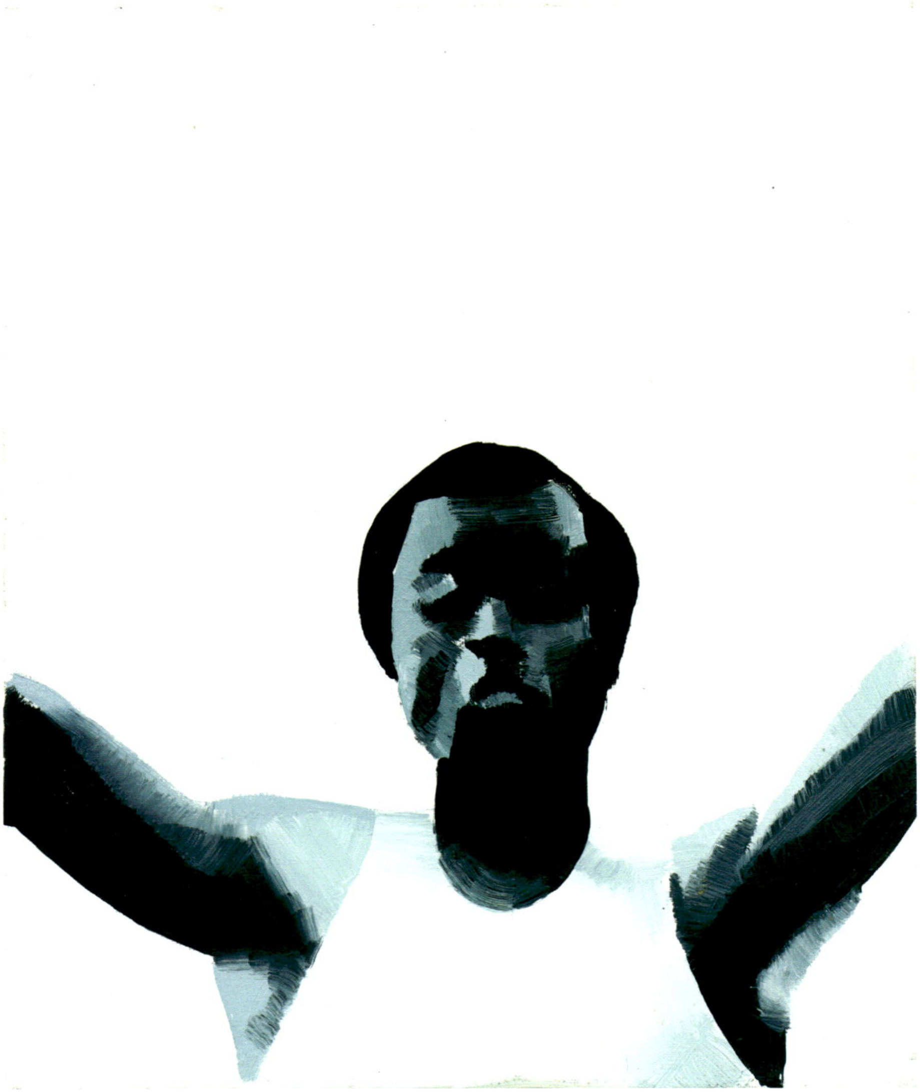

 Untitled (Athletes), 2001

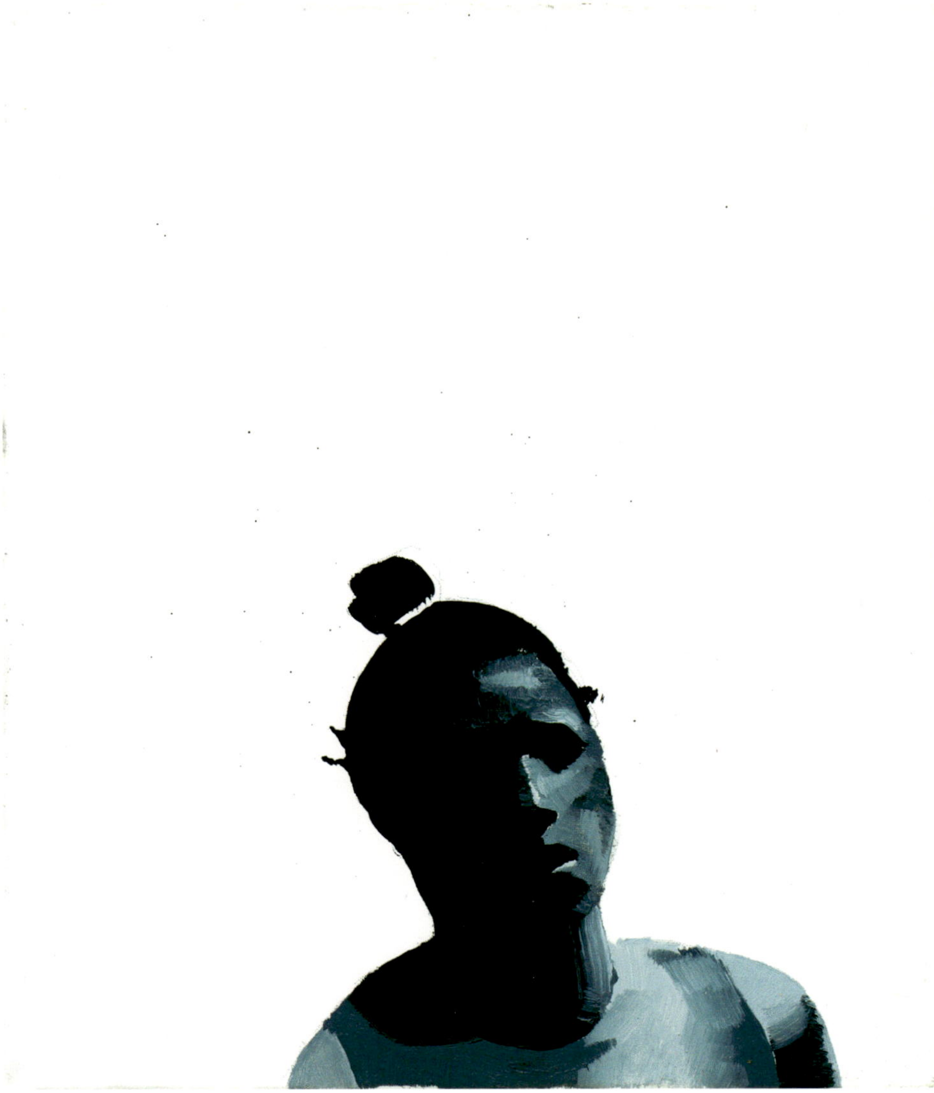

Untitled (Athletes), 2001

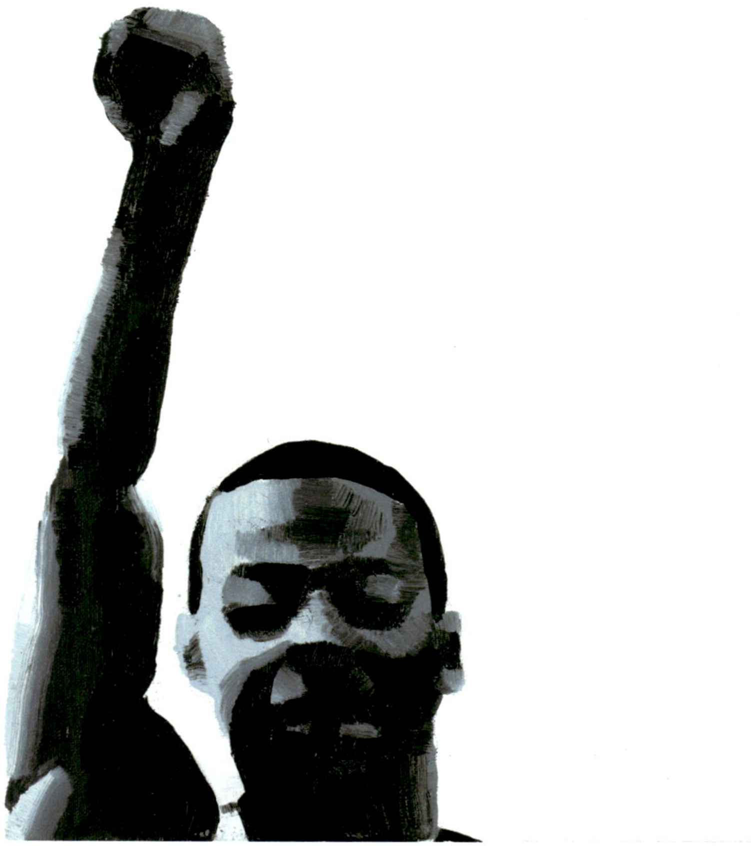

 Untitled (Athletes), 2001

Untitled (Athletes), 2001

 Cemetery, 2002

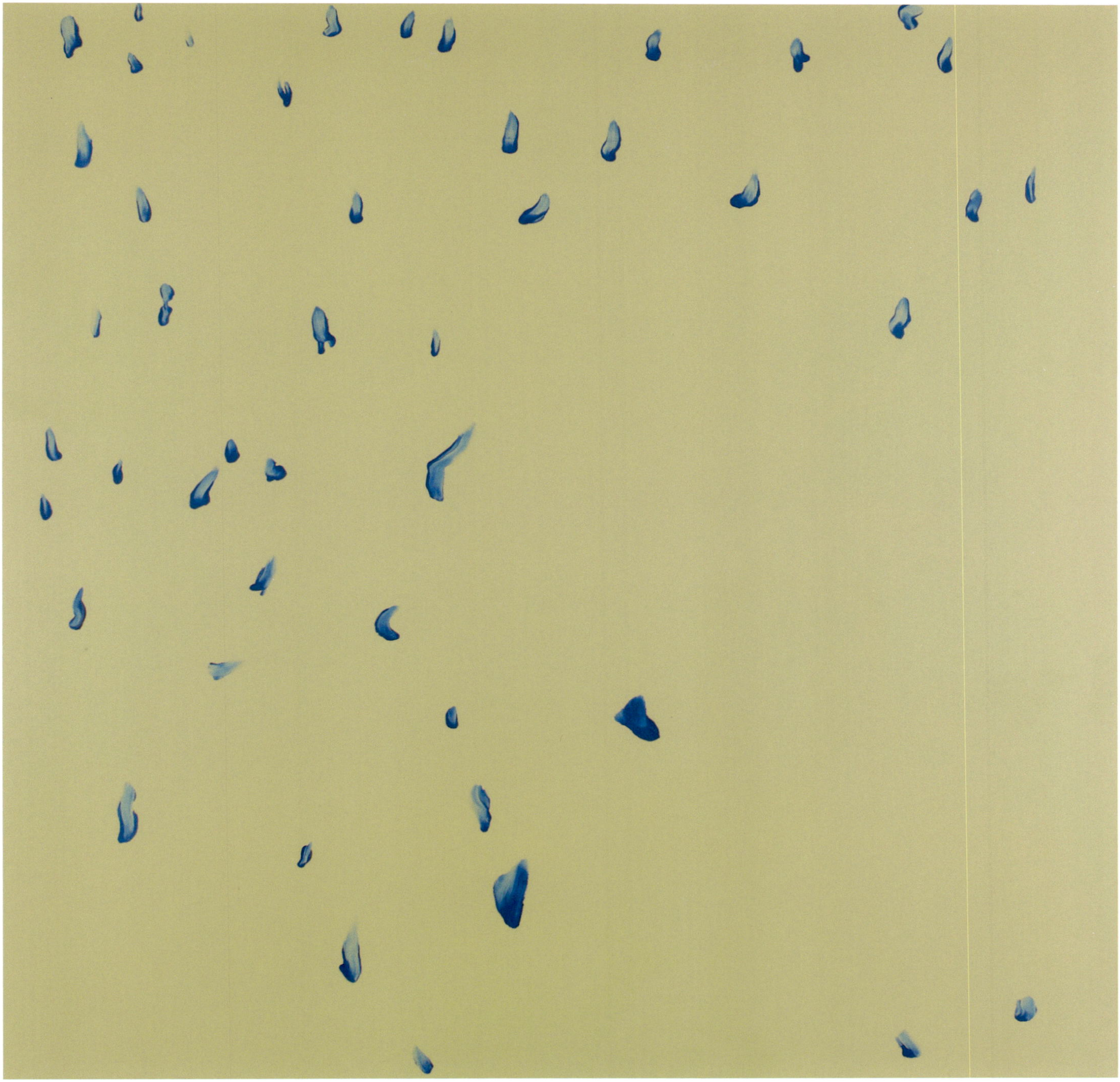

32 Untitled (Burning cartoons), 2002

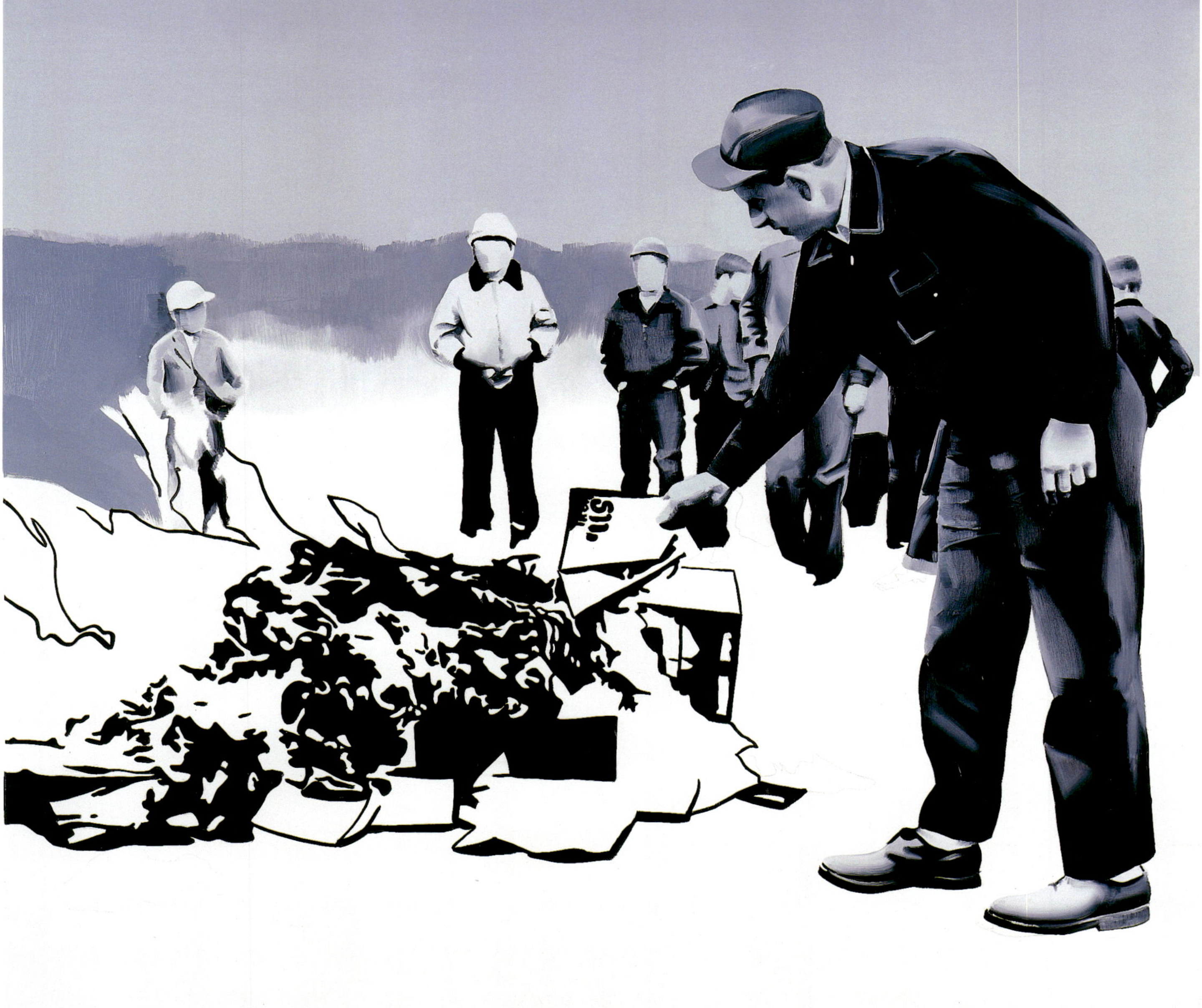

34 Untitled (Widlik), 2002

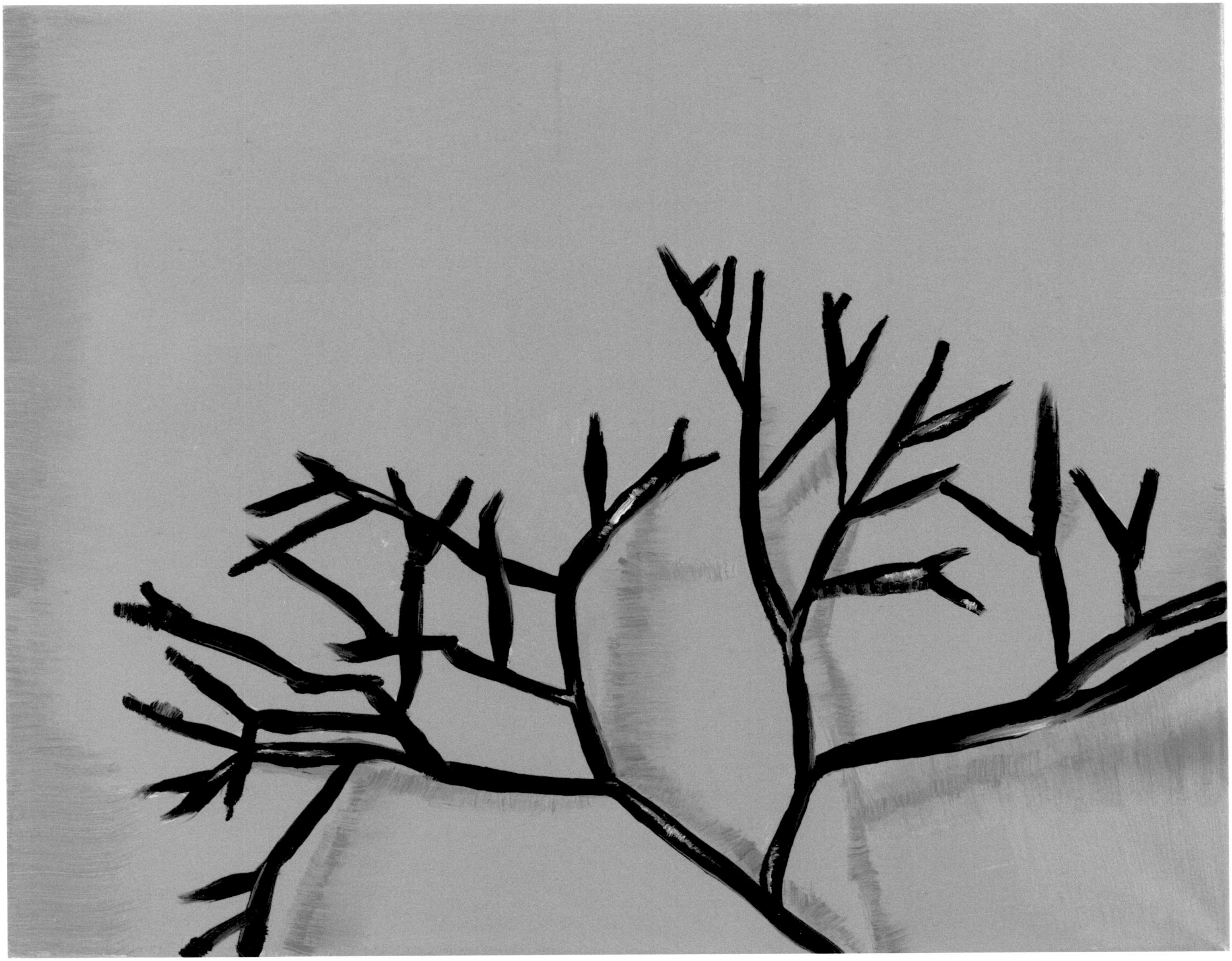

36 Untitled (Need to kill this love), 2003

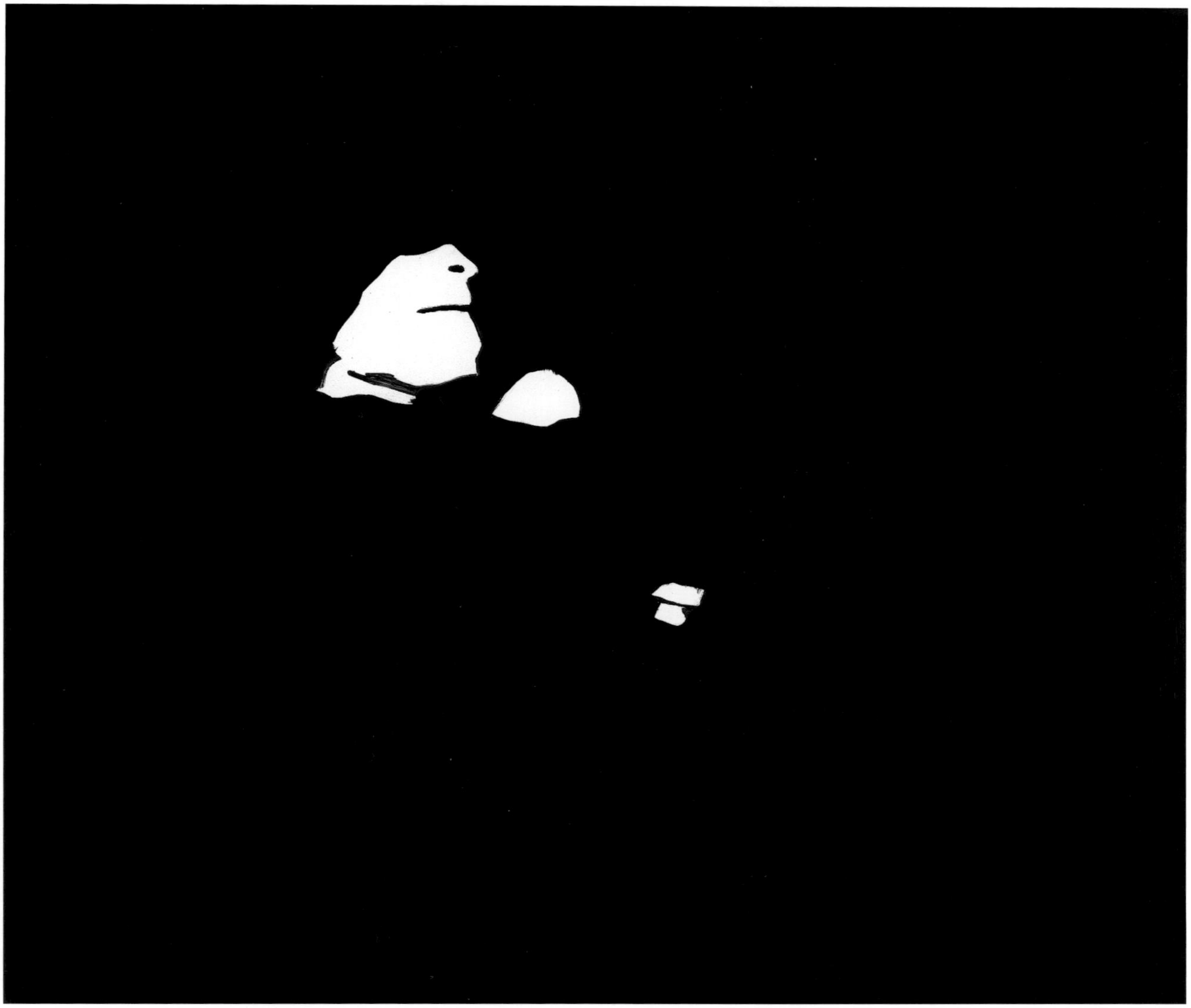

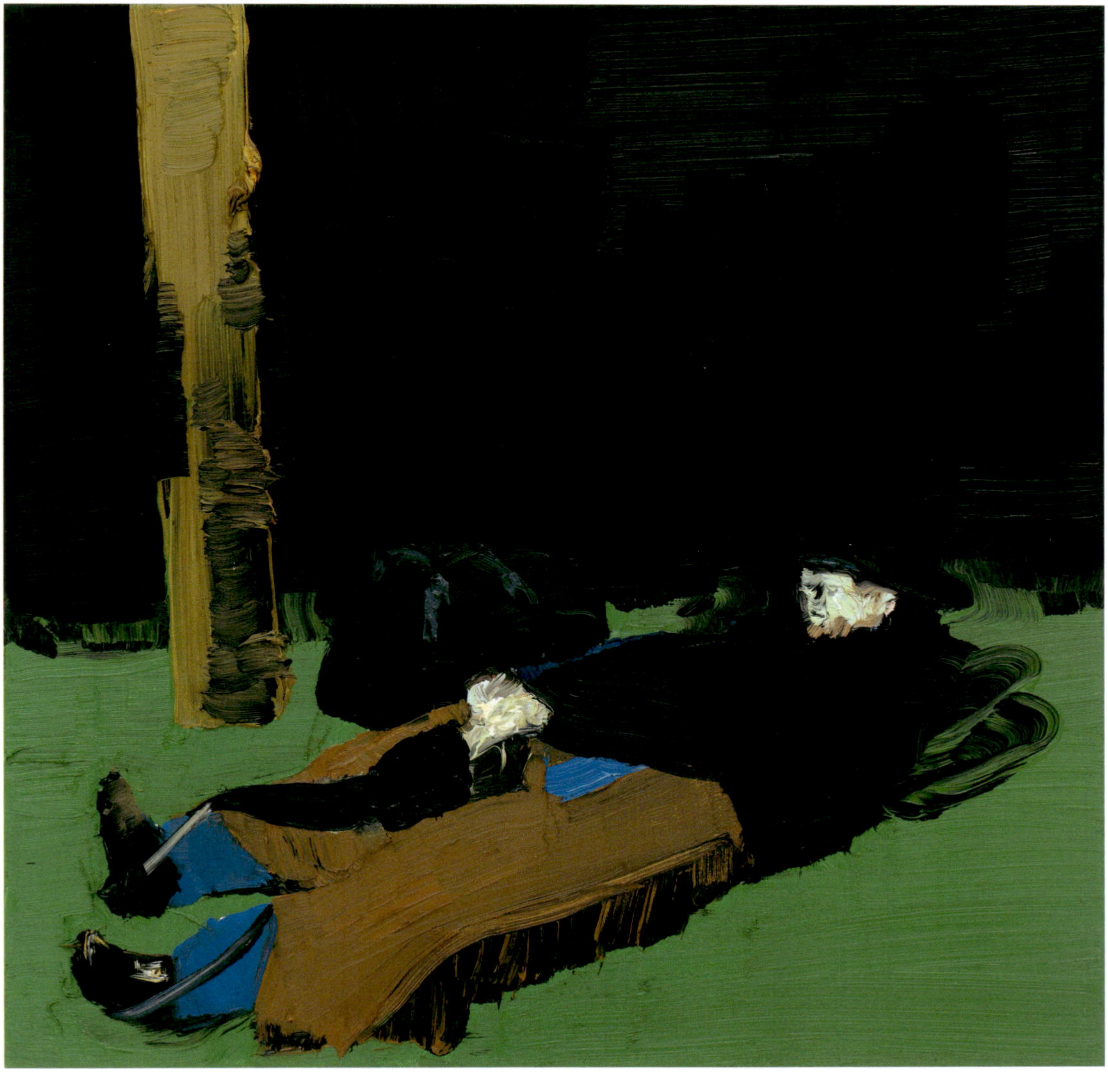

40 Untitled (Bed Ural), 2005

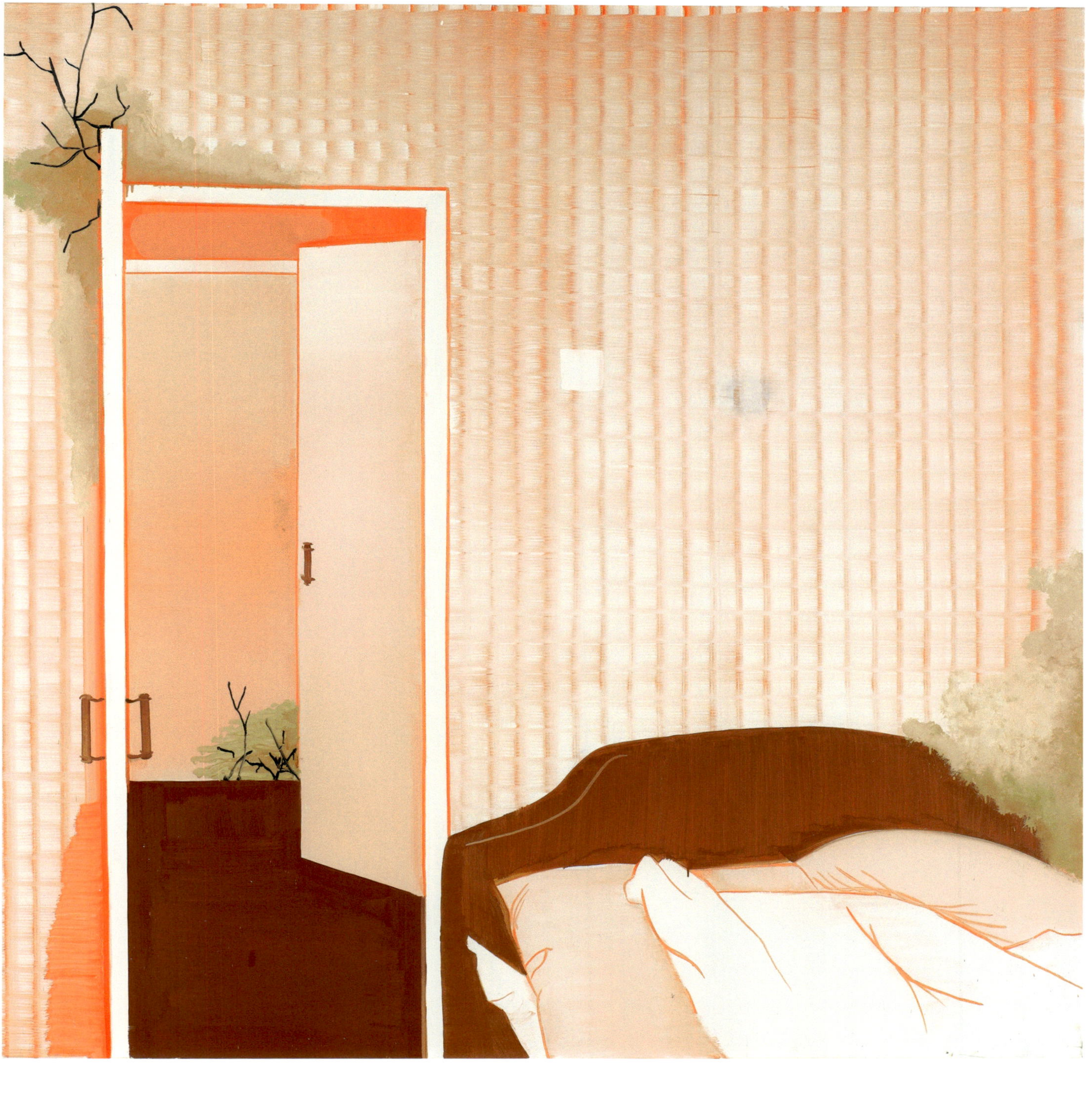

42 A drum set 2, 2005

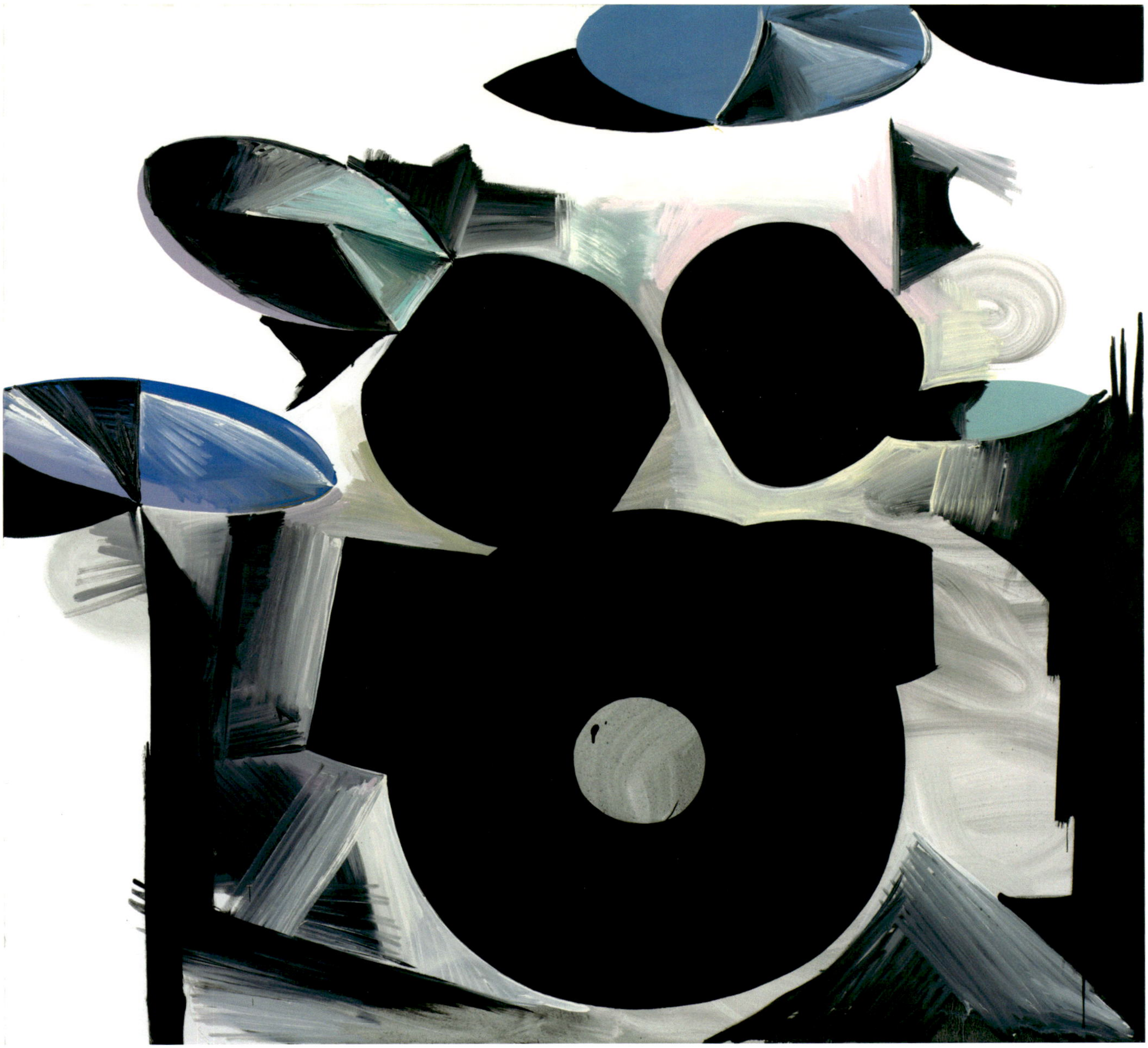

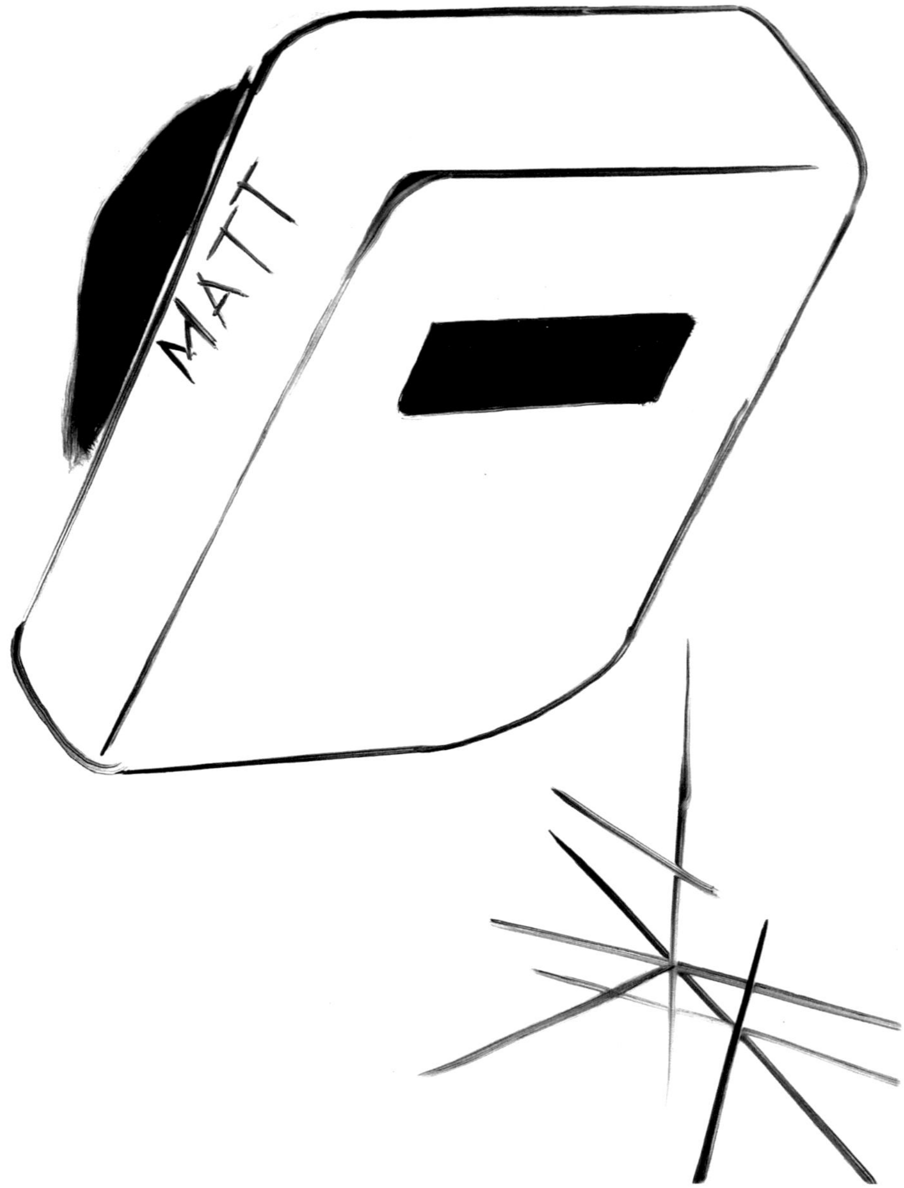

 Untitled (Matt), 2005

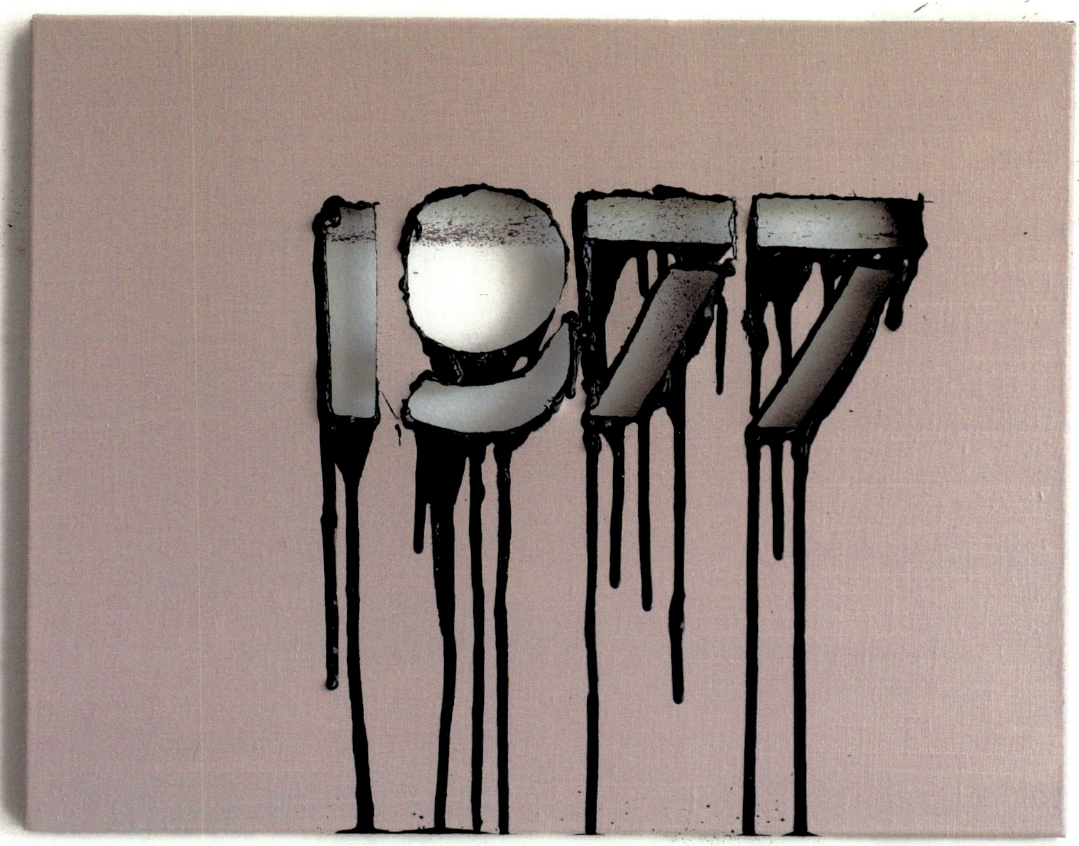

1977, 2007

 Untitled, 2007

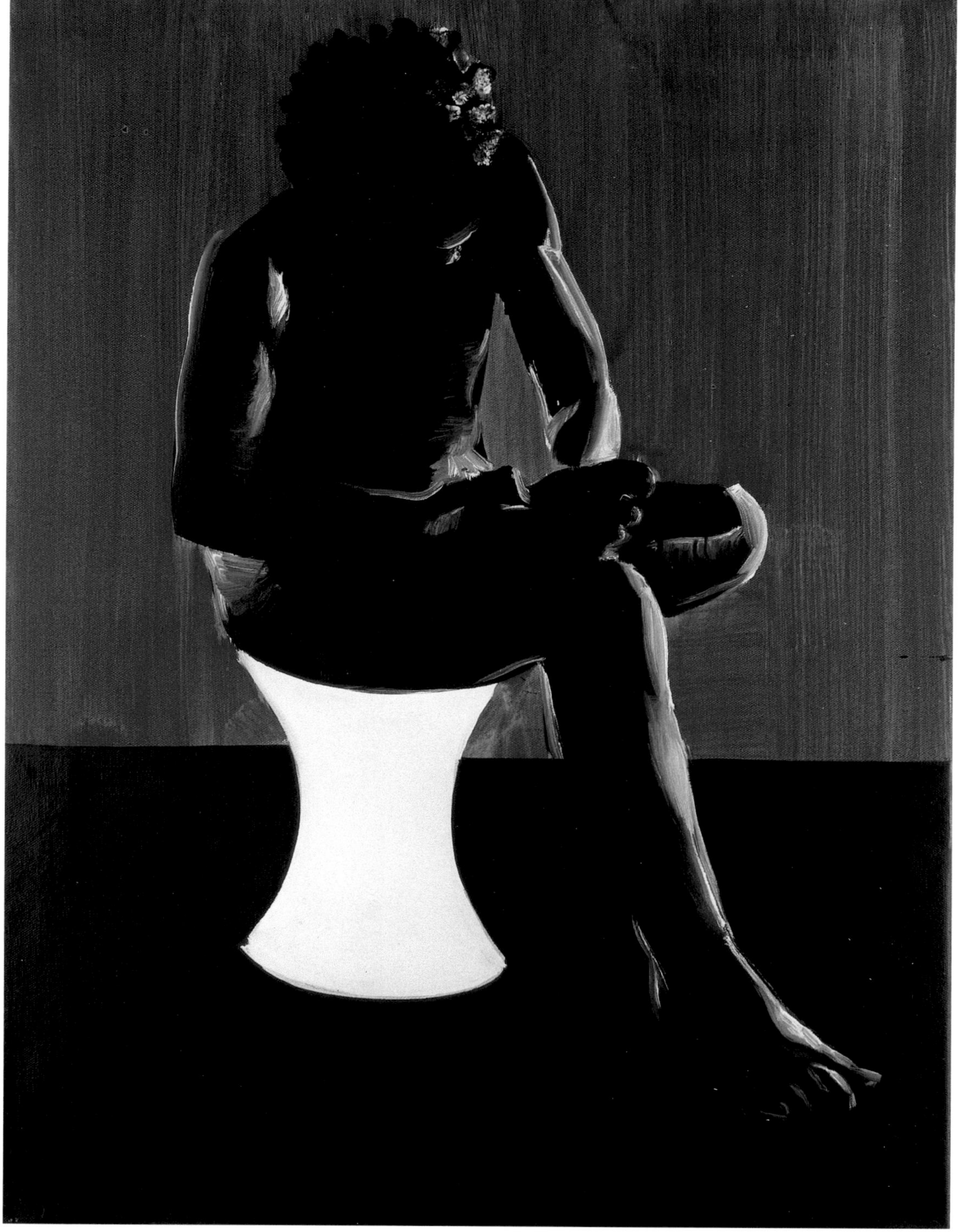

 Graceland 3, 2007

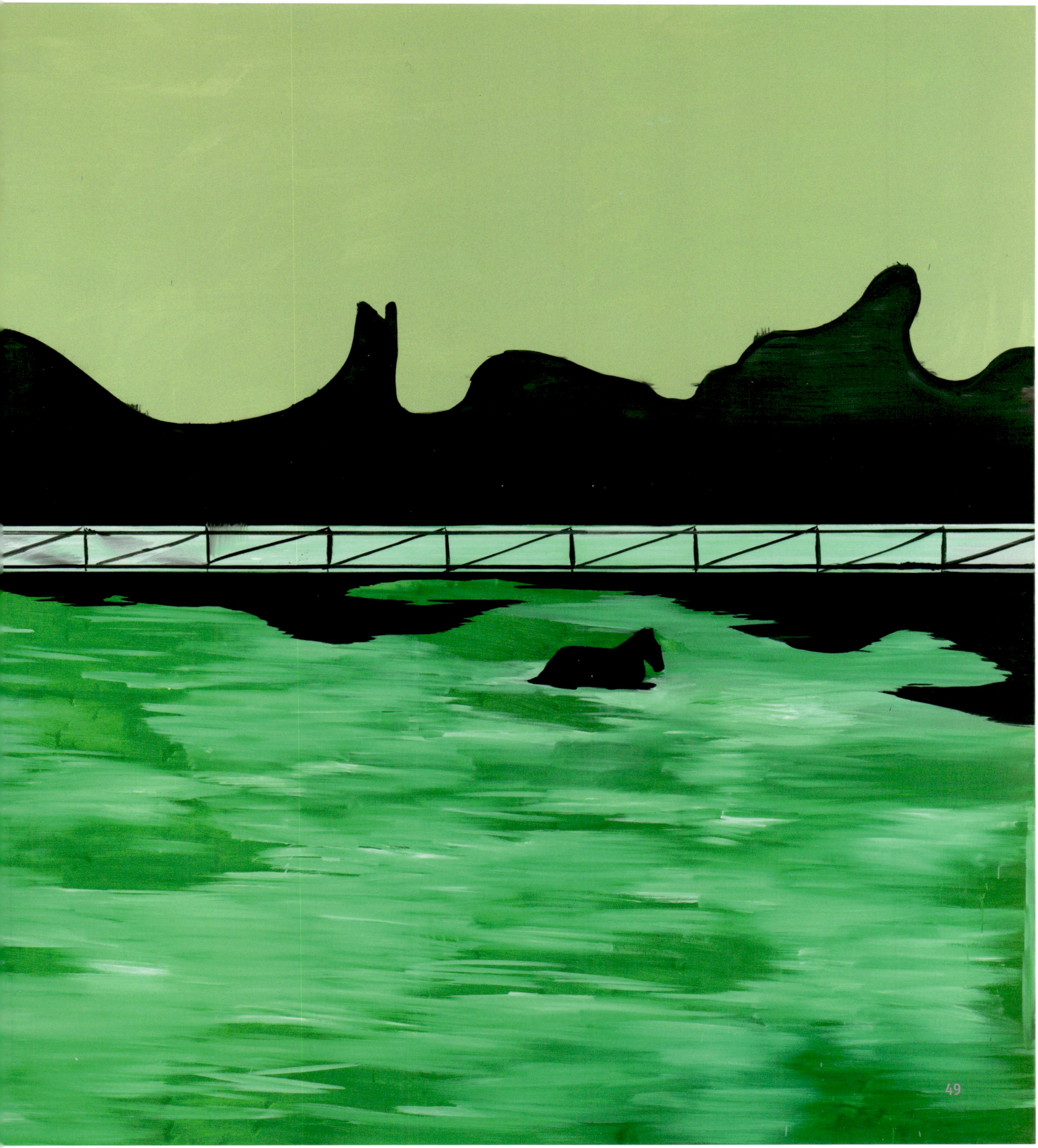

 Still life (Bucket), 2007

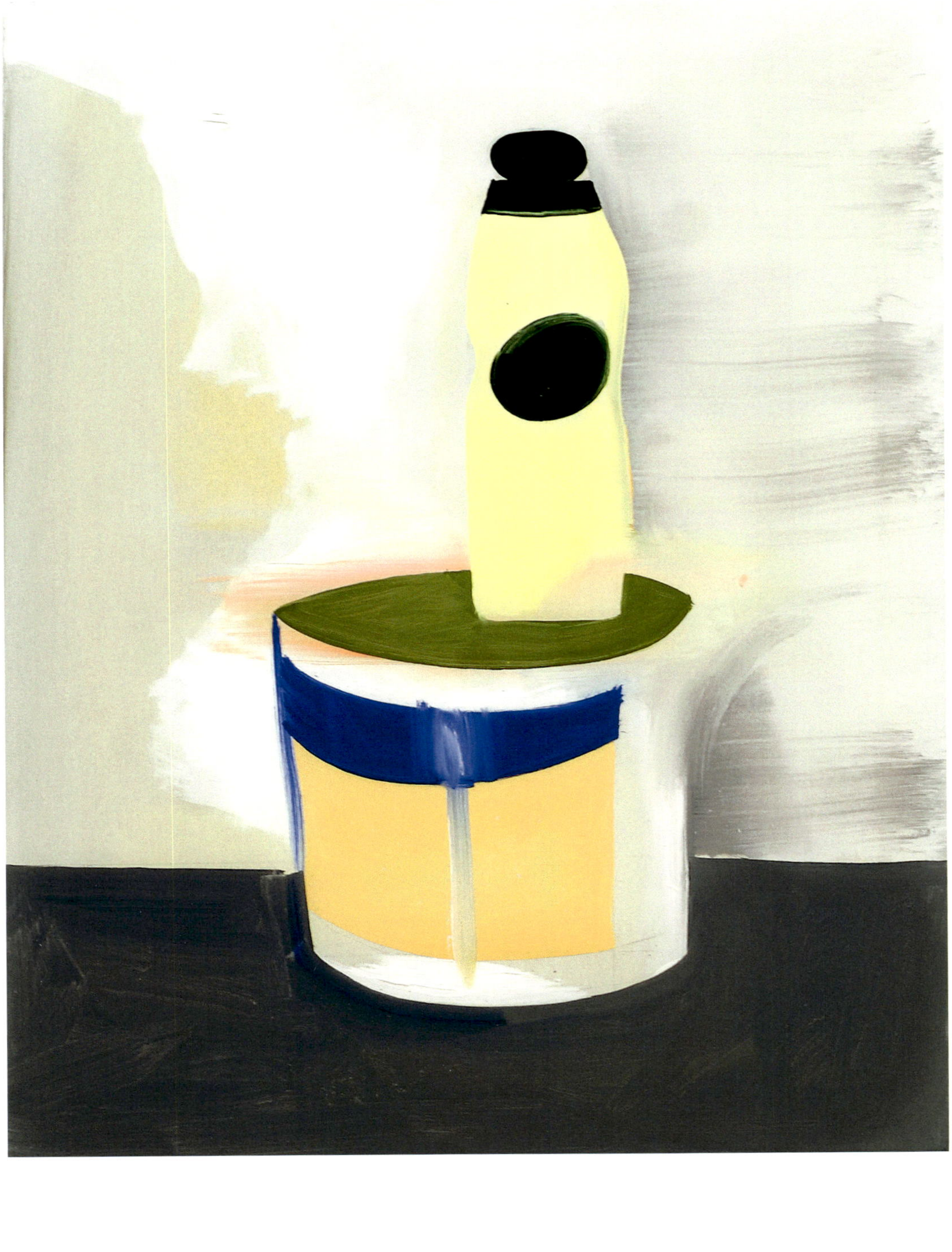

52 Still life (Cut-out), 2007

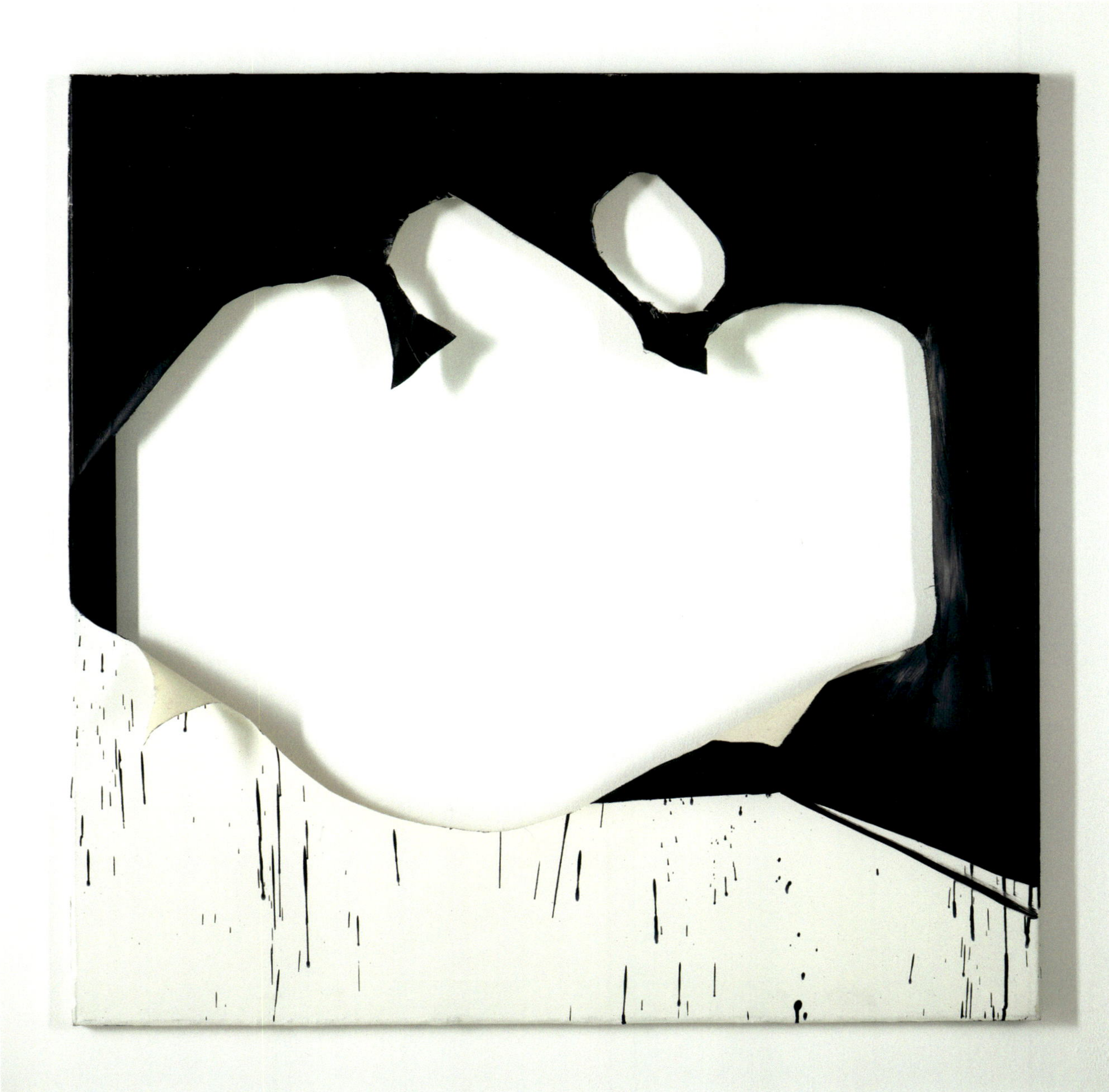

 A club, 2008

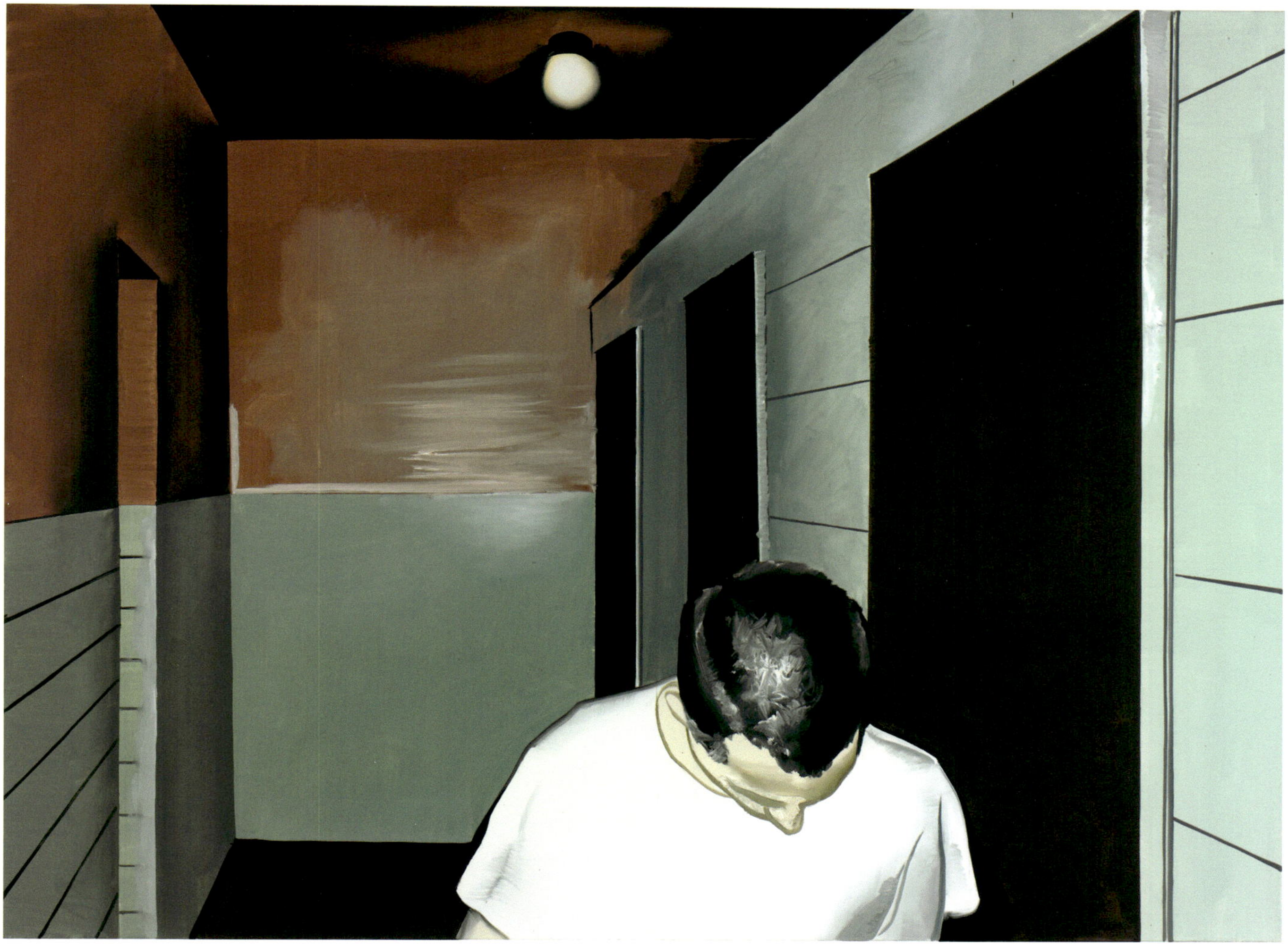

 Untitled, 2009

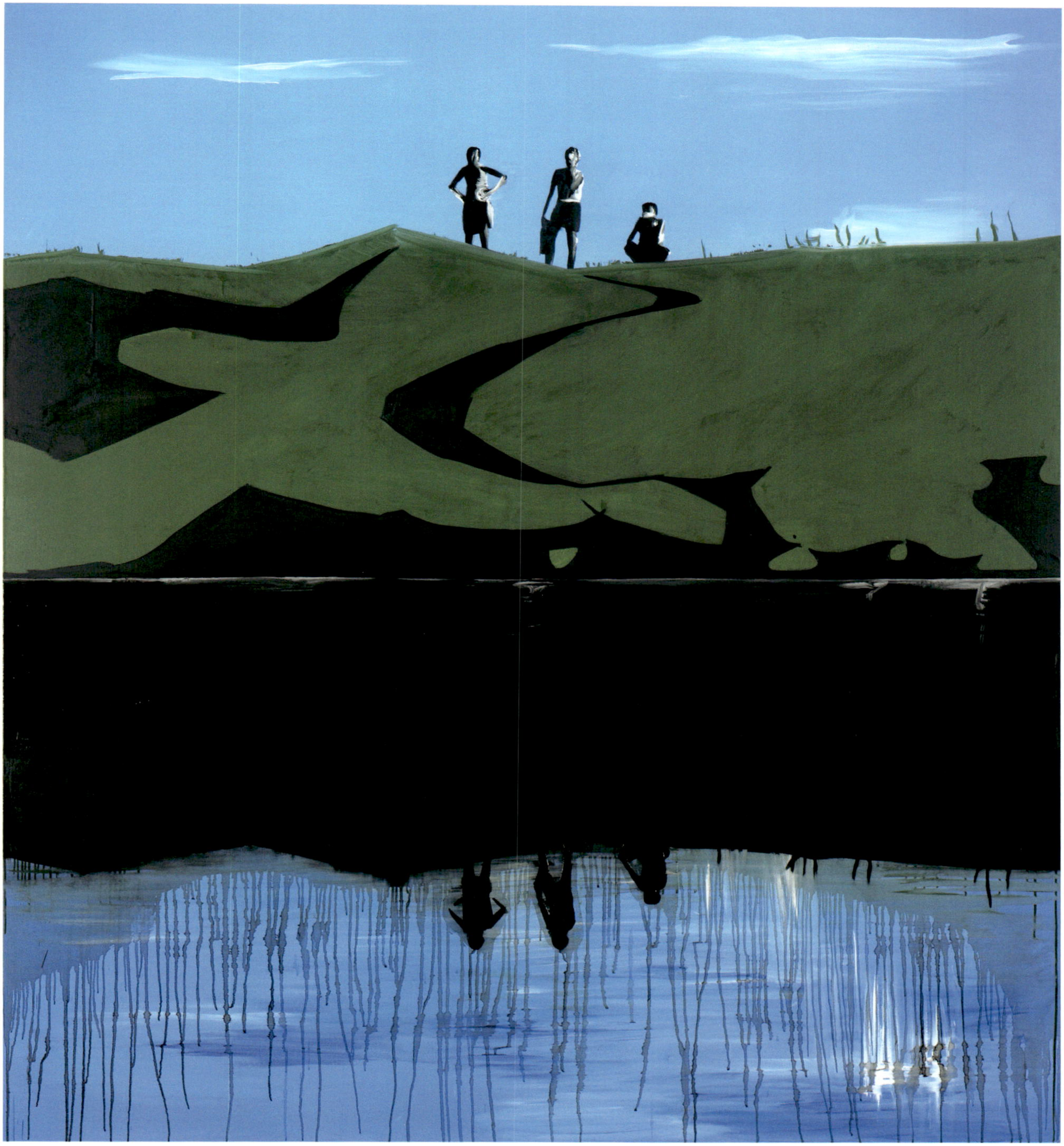

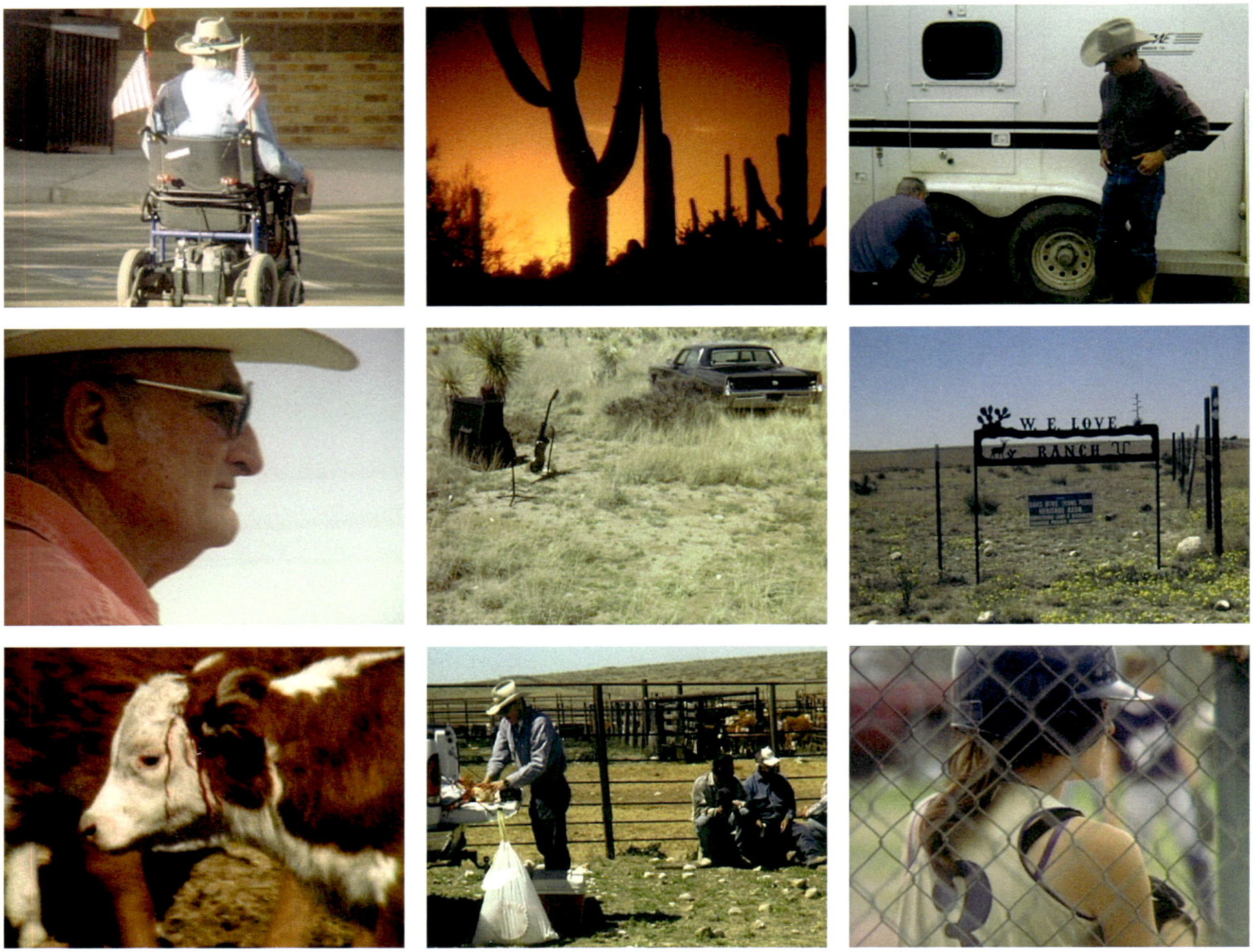

 The Ranch, 2006

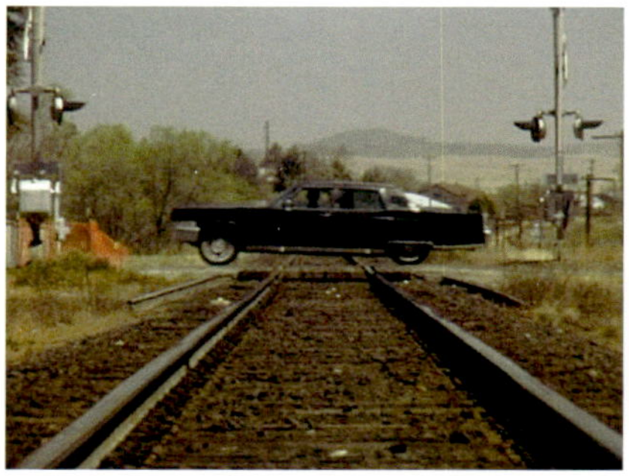
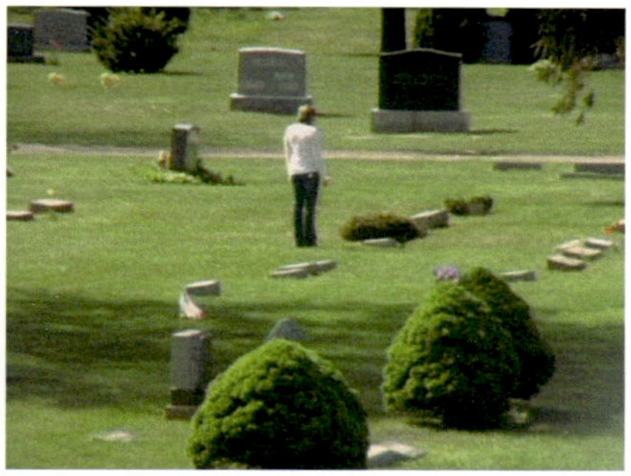
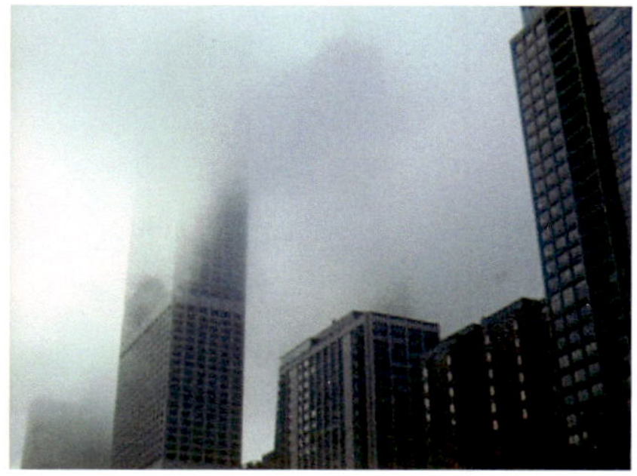
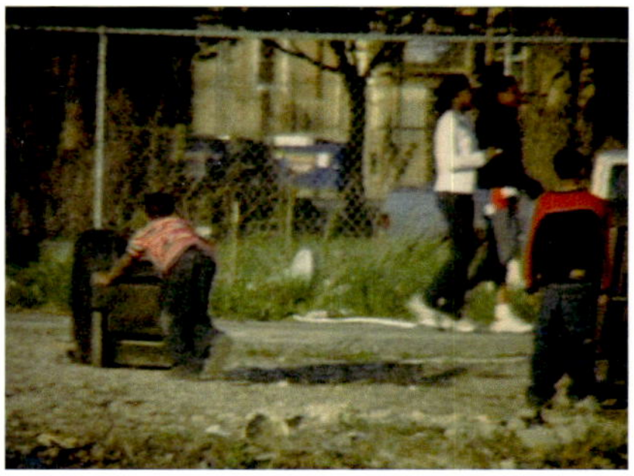
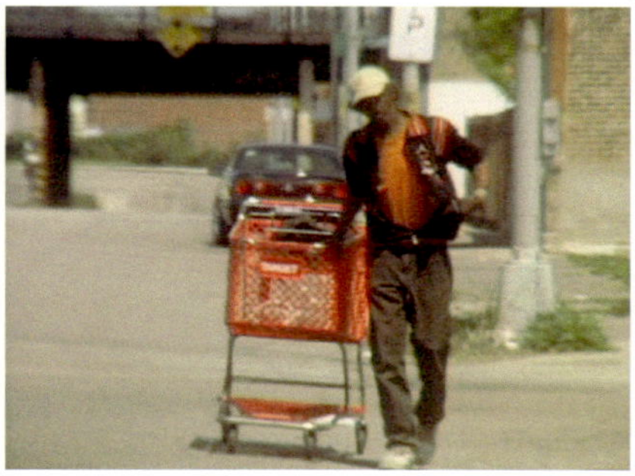
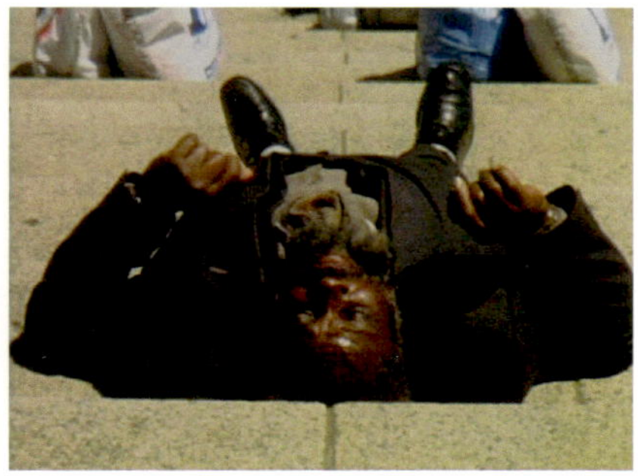
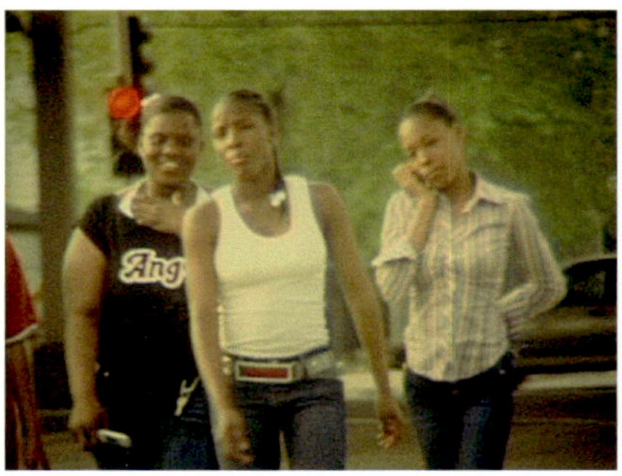
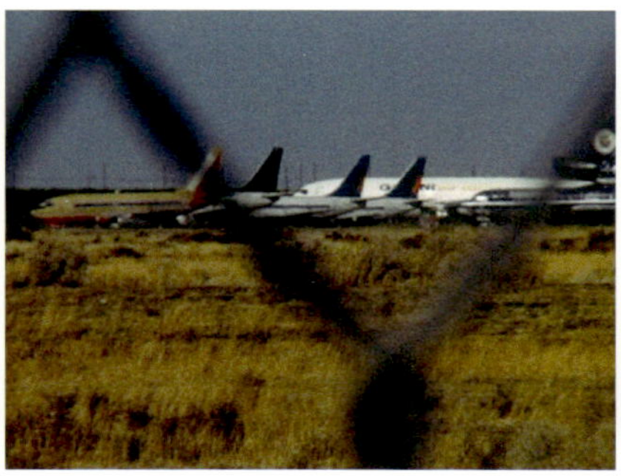
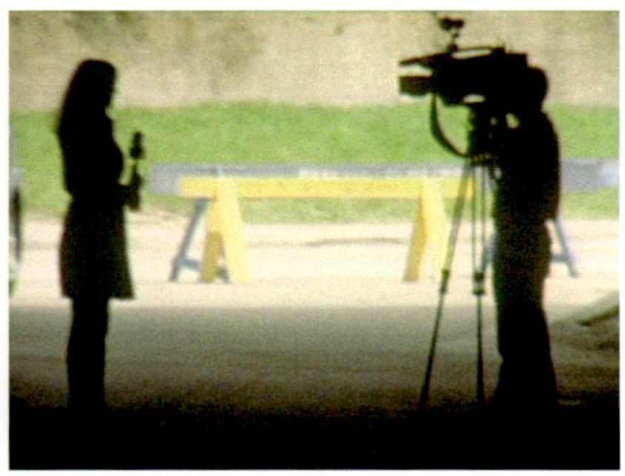

OBRAS EXPUESTAS | WORKS IN EXHIBITION

Untitled, 2000
[Sin título]
Óleo sobre lienzo / Oil on canvas
49 x 37,5 cm
Colección particular / Private collection

Untitled (Athletes), 2001
[Sin título (Atletas)]
Óleo sobre lienzo / Oil on canvas
31,5 x 36 cm
Cortesía el artista y Hauser & Wirth /
Courtesy the artist and Hauser & Wirth

Untitled (Athletes), 2001
[Sin título (Atletas)]
Óleo sobre lienzo / Oil on canvas
36 x 31,5 cm
Cortesía el artista y Hauser & Wirth /
Courtesy the artist and Hauser & Wirth

Untitled (Athletes), 2001
[Sin título (Atletas)]
Óleo sobre lienzo / Oil on canvas
25,5 x 21 cm
Cortesía el artista y Hauser & Wirth /
Courtesy the artist and Hauser & Wirth

Untitled (Athletes), 2001
[Sin título (Atletas)]
Óleo sobre lienzo / Oil on canvas
25,5 x 21 cm
Cortesía el artista y Hauser & Wirth /
Courtesy the artist and Hauser & Wirth

Untitled (Athletes), 2001
[Sin título (Atletas)]
Óleo sobre lienzo / Oil on canvas
25,5 x 21 cm
Cortesía el artista y Hauser & Wirth /
Courtesy the artist and Hauser & Wirth

Untitled (Athletes), 2001
[Sin título (Atletas)]
Óleo sobre lienzo / Oil on canvas
22,5 x 21 cm
Cortesía el artista y Hauser & Wirth /
Courtesy the artist and Hauser & Wirth

Untitled (Athletes), 2001
[Sin título (Atletas)]
Óleo sobre lienzo / Oil on canvas
22,5 x 21 cm
Cortesía el artista y Hauser & Wirth /
Courtesy the artist and Hauser & Wirth

Cemetery, 2002
[Cementerio]
Óleo sobre lienzo / Oil on canvas
190 x 190 cm
Cortesía el artista y Hauser & Wirth /
Courtesy the artist and Hauser & Wirth

Untitled (Burning cartoons), 2002
[Sin título (Quemando cómics]
Óleo sobre lienzo / Oil on canvas
150 x 135 cm
Hauser & Wirth Collection, Suiza / Switzerland

Untitled (Widlik), 2002
[Sin título (Widlik)]
Óleo sobre lienzo / Oil on canvas
24 x 30 cm
Colección particular / Private collection

Untitled (Need to kill this love), 2003
[Sin título (Necesito matar este amor)]
Óleo sobre algodón / Oil on cotton
70 x 80 cm
Friedrich Christian Flick Collection

Cowboys 2, 2004
[Vaqueros 2]
Óleo sobre lienzo / Oil on canvas
40 x 40 cm
Colección / Collection Eric & Suzanne Syz,
Suiza / Switzerland

Untitled (Bed Ural), 2005
[Sin título (Cama Ural)]
Óleo sobre lienzo / Oil on canvas
190 x 190 cm
Cortesía el artista y Hauser & Wirth /
Courtesy the artist and Hauser & Wirth

A drum set 2, 2005
[Juego de tambores 2]
Óleo sobre lienzo / Oil on canvas
140 x 150 cm
Cortesía el artista y Hauser & Wirth /
Courtesy the artist and Hauser & Wirth

Untitled (Matt), 2005
[Sin título (Matt)]
Óleo sobre lienzo / Oil on canvas
65 x 50 cm
Colección particular / Private collection

1977, 2007
Óleo sobre lienzo / Oil on canvas
40 x 50 cm
Ursula Hauser Collection, Suiza / Switzerland

Untitled, 2007
[Sin título]
Óleo sobre lienzo / Oil on canvas
70 x 55 cm
Friedrich Christian Flick Collection

Graceland 3, 2007
Óleo sobre lienzo / Oil on canvas
200 x 220 cm
Colección particular / Private colección

Still life (Bucket), 2007
[Naturaleza muerta (Cubo)]
Óleo sobre lienzo / Oil on canvas
70 x 55 cm
Colección particular / Private collection

Still life (Cut-out), 2007
[Naturaleza muerta (Recorte)]
Óleo sobre lienzo / Oil on canvas
100 x 100 cm
Colección particular / Private colección

A club, 2008
[Un club]
Óleo sobre lienzo / Oil on canvas
120 x 160 cm
Cortesía el artista y Hauser & Wirth /
Courtesy the artist and Hauser & Wirth

Untitled, 2009
[Sin título]
Óleo sobre lienzo / Oil on canvas
220 x 200 cm
Colección particular / Private colección

The Ranch, 2006
[El rancho]
Súper 8 mm transferido a DVD /
Super 8mm transferred to DVD
35"
Cortesía el artista / Courtesy the artist

Wilhelm Sasnal

1972
Nace en Tarnów, Polonia / Born in Tarnów, Poland

1992-1994
Estudió Arquitectura en la Universidad Politécnica de Cracovia, Polonia / Studied Architecture at the Cracow Polytechnic, Poland

1994-1999
Estudió Pintura en la Academia de Bellas Artes de Cracovia, Polonia / Studied Painting at the Academy of Fine Arts in Cracow, Poland

Vive y trabaja en Cracovia, Polonia / Lives and works in Cracow, Poland

EXPOSICIONES INDIVIDUALES | SOLO EXHIBITIONS

2009
CAC Málaga, Centro de Arte Contemporáneo de Málaga
K21, Düsseldorf
Hauser & Wirth, Zúrich
Sadie Coles HQ, Londres
Presentation in the Collection Rooms: Wilhelm Sasnal. Works from the Collection Martin, Neues Museum Nürnberg, Núremberg, Alemania

2008
Wilhelm Sasnal. Lata Walki / Years of Struggle, Galleria Civica di Arte Contemporanea, Trento, Italia

2007
Wilhelm Sasnal. Lata Walki / Years of Struggle, Zacheta National Gallery of Varsovia
Boredom, Johnen Galerie, Berlín
Swiss Institute, Nueva York
Hauser & Wirth, Zúrich
Pintures, Espai Montcada, Fundació la Caixa, Barcelona
Anton Kern Gallery, Nueva York

2006
Douglas Hyde Gallery, Dublín
Sadie Coles HQ, Londres
At the Very Center of Attention Part 10: Wilhelm Sasnal - USA, Center of Contemporary Art Ujazdowski Castle, Varsovia
The Standard of the Kilogram (Wzorzec kilograma), Foksal Gallery Foundation, Varsovia
Wilhelm Sasnal. Paintings and Films, Van Abbe Museum, Eindhoven, Países Bajos
Ist das Leben nicht schön? Gruppenausstellung in 4 Kapiteln, Kapitel 2: Wilhelm Sasnal, Kunstverein Frankfurt, Fráncfort

2005
Matrix 219, UC Berkeley Art Museum & Pacific Film Archive, Berkeley CA
Anton Kern Gallery, Nueva York
Wilhelm Sasnal - Chinati Artist in Residence, The Locker Plant, Marfa TX

2004
The Band, Hauser & Wirth, Zúrich
Camden Arts Centre, Londres
Galerie Rüdiger Schöttle, Múnich
ZAWA SROD, Johnen + Schöttle, Colonia
Wilhelm Sasnal - Map Trap, Galerie Raster, Varsovia

2003
Westfälischer Kunstverein, Münster, Alemania
Kunsthalle Zürich, Zúrich
Sadie Coles HQ, Londres
Wilhelm Sasnal - Monika Sosnowska, Galleria Laura Pecci, Milán
Anton Kern Gallery, Nueva York
Interventions: Wilhelm Sasnal, MuHKA - Museum van Hedendaagse Kunst, Amberes, Bélgica
WISLA, Sommer Contemporary Art, Tel Aviv, Israel

2002
Galerie Johnen + Schöttle, Colonia
Foksal Gallery Foundation, Varsovia
Parel, Ámsterdam
BWA Gallery, Zielona Gora, Polonia

2001

Samachody i ludzie / Cars and Men, Foksal Gallery Foundation, Varsovia
Zzycie codzienne w Polsce w latach 1999-2001 / Everyday Life in Poland between 1999 and 2001, Galeria Raster, Varsovia

2000

Gra planszowa / Board Game, Galeria Potocka, Cracovia

1999

Sto kawalków / The Hundred Pieces, Galeria Zderzak, Cracovia
Tlok / The Crowd, vallas de la Galeria Otwarta, Cracovia
Malarstwo / Painting, CCA Ujazdowski Castle, Varsovia
Prywatne-Publiczne / Private-Public, vallas de la Galeria Otwarta, Cracovia
Swieto panstwowe / A Natural Holiday, vallas de la Galeria Otwarta, Cracovia

EXPOSICIONES COLECTIVAS | GROUP EXHIBITIONS

2009

Mapping the Studio: Artists from the Francois Pinault Collection, Palazzo Grassi & Punta della Dogana, Venecia
Abstraction + Warhol, Woxart, Praga
Something Else!!! Selected Works from the Colletion of the SMAK, Gent, Museo d'Arte Provincia di Nuoro, Cerdeña, Italia
SONIC YOUTH etc.: SENSATIONAL FIX, Kunsthalle Düsseldorf, Alemania; Malmö Konsthall, Malmo, Suecia

2008

Ad Absurdum - Zeitgemässe Apparate, Städtische Galerie Nordhorn, Alemania
Films. Lambie, Lloyd, Lucas, Sasnal, Wilcox, Sadie Coles HQ, Londres
Back to Black. Black in current Painting, Kestner Gesellschaft, Hanover, Alemania
55th Carnegie International, Carnegie Museum of Art, Pittsburgh PA
The Painting of Modern Life, Castello di Rivoli, Turín, Italia
LIFE, "SONIC YOUTH etc.: SENSATIONAL FIX, St. Nazaire, Francia; Museion, Bolzano, Italia
When Things Cast no Shadow, 5th Berlin Biennial of Contemporary Art, Alemania
Ad Absurdum. Energies of the Absurd from Modernism till Today, MARTa, Herford, Alemania
Du Dialogue Social, Motorenhalle, Dresde, Alemania
Manual CC, Uqbar, Berlín
Biennale van de Schilderkunst: He genot van het kijken, Roger Raveelmuseum, Machelen-Zulte, Bélgica
Blasted Allegories. Werke aus der Sammlung Ringier, Kunstmuseum, Lucerna, Suiza
Red Eye Effect. Polish Photography of the 21st Century, Centre for Contemporary Art, Varsovia
I am never at Home, Johnen Galerie, Berlín
Heartland, Van Abbemuseum, Eindhoven, Países Bajos
Peripheral Vision and Collective Body, Museion, Bozen, Italia
50 Moons of Saturn, T2 Torino Triennale, Turín, Italia
Don't come in, be merciful, Johnen & Schöttle, Colonia
Never Let the Truth Get in the Way of a Good Story, Site Gallery, Sheffield, Reino Unido

2007

Painting of Modern Life, Southbank Centre - The Hayward, Londres
Gesellschaftsbilder. Zeitgenössische Malerei, Kunstverein Hamburg, Hamburgo
Imagination Becomes Reality, ZKM - Zentrum für Kunst und Medientechnologie, Karlsruhe, Alemania
Frisch gestrichen, Museum Franz Gertsch, Burgdorf, Suiza
Who's got the Big Picture?, Museum van Hedendaagse Kunst, Amberes, Bélgica
What is Painting?, Museum of Modern Art, Nueva York

AIRS DE PARIS, Centre Georges Pompidou, París
The Present, Stedelijk Museum, Ámsterdam
Last News, Laznia Center for contemporary Art, Danzig, Polonia
Very Abstract and Hyper Figurative, Thomas Dane Gallery, Londres
Painting now!, Kunsthal Rotterdam, Países Bajos
Electronic Transformation, Kunsthaus Zürich, Zúrich
Old School, Hauser & Wirth, Londres
1,2,3...Avant Gardes, Künstlerhaus Stuttgart, Alemania; Sala Rekalde, Bilbao

2006

Polish Painting of the 21st Century, Zacheta National Gallery, Varsovia
1,2,3...Avant Gardes, Center for Contemporary Art Ujazdowski Castle, Varsovia
Galerie Patrick Seguin invites HAUSER & WIRTH, Galerie Patrick Seguin, París
The Exotic Journey Ends, Foksal Gallery Foundation, Varsovia
BLIND DATE PASSAU, Museum Moderner Kunst Stiftung Wörlen, Passau, Alemania
FASTER! BIGGER! BETTER!, ZKM - Zentrum für Kunst und Medientechnologie, Karlsruhe, Alemania
Precz z Alfonsami Sztuk. Down with the Pimps of Art, Financial-Banking Center (HOWY SWIAT 06), Varsovia
The Vincent 2006, Stedelijk Museum, Ámsterdam
Attributen en Substantie, Museum van Hedendaagse Kunst, Amberes, Bélgica
VILLA HOLIDAY WARSAW, Gallery Raster, Varsovia
Implosion. 10 Year Anniversary, Anton Kern Gallery, Nueva York
Imagination Become Reality V, Sammlung Goetz, Múnich,
Imagens Em Pintura, Museu Serralves. Museu De Arte Contemporânea, Oporto, Portugal
Infinite Painting. Contemporary Painting and Global Realism, Villa Manin Centre for Contemporary Art, Codroipo (Udine), Italia
Melancholia, Sommer Contemporary Art, Tel Aviv, Israel
I still love the 20th century, Georg Kargl Fine Arts, Viena
Artists for Chinati, Phillips de Pury & Company, Nueva York
The Triumph of Painting, Leeds City Art Gallery, Reino Unido
Is it better to be a good artist or a good person?, Rental Gallery, Los Ángeles CA
Grey Flags, Sculpture Centre, Long Island NY
Gut und Billig, Museum für Junge Kunst, Frankfurt an der Oder, Alemania
Yael Bartana, Dan Perjovschi, Wilhelm Sasnal, Vanabbe Museum, Eindhoven, Países Bajos

2005

The Collection XIII - Luz, Museum van Hedendaagse Kunst, Amberes, Bélgica
Goodbye Rothchild 64, Welcome Rothchild 13, Sommer Contemporary Art, Tel Aviv, Israel
Broniewski, Raster Gallery, Varsovia
On Line, Louisiana Contemporary, Louisiana LA
M Stadt. Europäische Stadtlandschaften, Kunsthaus Graz, Austria
It takes some time to open an oyster, Centre Cultural Andratx, Mallorca
Expanded Painting, Prague Biennale 2, International Contemporary Art, Praga
Monuments of Nowa Huta, Bunkier Stzuki, Cracovia
Material Time / Work Time / Life Time, Reykjavik Arts Festival, Islandia
The Triumph of Painting. Part Two, Saatchi Gallery, Londres
Accrochage: Selected Works, Marc Jancou Fine Art, Nueva York

2004

Prym, Galeria BWA Zielona Góra, Varsovia
Funny Cuts, Staatsgalerie Stuttgart, Alemania
Matrix 213: Some Forgotten Place, UC Berkeley Art Museum, Berkeley CA
Nowa Huta, Westfälischer Kunstverein, Münster, Alemania
Werke aus der Sammlung Boros, Museum für Moderne Kunst, Karlsruhe, Alemania

MUHKA de collectie, MuHKA - Museum van Hedendaagse Kunst, Amberes, Bélgica
Time and Again, Stedelijk Museum, Ámsterdam
Bienal de Sao Paulo, Brasil
Marc Jancou Fine Art, Nueva York
4 Ks 2 / 63, Haus Gallus, Frankfurt, Fráncfort
From Above, Georg Kargl, Viena
Sammlung Plum, Museum Kurhaus Kleve, Kleve, Alemania
Under the White and Red Flag, Art Museum of Estonia, Tallín, Estonia; Contemporary Art Center, Vilnius, Lituania
Werke aus der Sammlung Boros, ZKM - Zentrum für Kunst und Medientechnologie, Karlsruhe, Alemania

2003
Hidden In A Daylight, Hotel pod Jeleniem, Cieszyn, Polonia
4ever young, Sommer Contemporary art, Tel Aviv, Israel
Boyce, Creed, Höfer, Ruff, Sasnal u. a., Johnen + Schöttle, Colonia

2002
Keine Kleinigkeiten, Kunsthalle Basel, Basilea, Suiza
Painting on the Move, Kunsthalle Basel, Basilea, Suiza
4th Gwangju Biennale, Gwangju, China
Urgent Painting, Musée d'Art Moderne de la Ville de Paris, París
Raster - Aktuelle Kunst aus Polen, Museum Viadrina - Junkerhaus, Frankfurt / Oder, Alemania
A Need For Realism. Solitude In Ujazdowski, Centre for Contemporary Art, Varsovia
Semiotic Landscape, Siemens artLab, Viena; Charim Galerie, Viena
Pod Brunatnym Jeleniem, Hotel, Cieszyn, Polonia

2001
New Collection of the CCA and the Loan of the Foksal Gallery, CCA Ujazdowski Castle, Varsovia
Dobro / The Good, Galeria Raster, Varsovia
1st Tirana Biennale, Chinese Pavillion, Tirana, Albania
Biurokracja / Bureaucracy, Galeria Foksal, Varsovia
Popelita / Pop-elite, Bunkier Sztuki, Cracovia
In Between, Chicago Cultural Center, Chicago IL
Rybie of Fisheye, BWA gallery, Slupsk, Polonia

2000
Scena 20, CCA Ujasdowski Castle, Varsovia
Visual Art - Simple Life, Edit-Russ Haus, Oldenburg, Alemania
100 % malarstwa / 10 of Painting, BWA gallery, Poznan, Polonia
Narmaluj mine / Paint Me, BWA, Zielone Góra, Polonia

1999
What you see is what you get, Medium Gallery, Bratislava, Eslovaquia

1997
Siedmiu miodych malarzy / Seven Young Painters, French Cultural Institute, Cracovia

PREMIOS | AWARDS

2006
Premio Bienal Vincent Van Gogh de Arte Contemporáneo en Europa / The Vincent Van Gogh Biennial Award for Contemporary Art in Europe

PROYECCIÓN DE PELÍCULAS | FILM SCREENINGS

2008
Visible Cinema, Glasgow Film Festival, Reino Unido
Glasgow International Festival of Contemporary Visual Art, Reino Unido
1,2,3… Avant-Gardes. Polish Film / Art between Experiment and Archive, Centre pour L"Image Contemporaine, Ginebra, Suiza
VideoZone - 4, The 4th International Video Art Biennial in Israel, Tel Aviv, Israel

BIBLIOGRAFÍA | BIBLIOGRAPHY

PUBLICACIONES | PUBLICATIONS

2009

Huici, Fernando, *Wilhelm Sasnal*, Málaga: CAC Málaga, 2009 (cat. exp.)
Heynen, Julian (ed.), *Wilhelm Sasnal*, Múnich: Prestel Verlag, 2009

2008

Kestnergesellschaft Hannover (ed.), *Back to Black. Black in Current Painting. Schwarz in der aktuellen Malerei*, Heidelberg: Kehrer, 2008, pp. 122-127, ill.
Piranio, Michelle (ed.), *Life on Mars. 55th Carnegie International*, Pittsburgh: Carnegie Museum of Art, 2008, pp. 270-275, ill.
von Heydebreck, Amélie, *Stations. 100 Meisterwerke zeitgenössischer Kunst*, Colonia: DuMont, 2008, p. 150, 151, ill.

2007

Macel, Christine, Guillaume, Valérie, *Airs de Paris*, París: Centre Pompidou, 2007, pp. 132-133, ill.
Ronduda, Lukasz, Zeyfang, Florian (ed.), *1,2,3... Avant-Gardes. Film / Art between Experiment and Archive*, Varsovia: CCA Ujazdowski Castle, Berlín: Sternberg Press, 2007, p. 188-193, 219, ill.
Klemm, Christian, Lentzsch, Franziska, *Kunsthaus Zürich. Gesamtkatalog der Gemälde und Skulpturen*, Zúrich: Zürcher Kunstgesellschaft/Hatje Cantz, 2007, pp. 709, 710, ill.
Rugoff, Ralph (ed.), *The Painting of Modern Life*, Londres: Hayward Publishing, Southbank Center, 2007, pp. 144-149, ill.
Heiser, Jörg, *Plötzlich diese Uebersicht. Was gute Zeitgenössische Kunst ausmacht*, Berlín: claassen/Ulstein Buchverlage, 2007, pp. 173-183, ill.
Kunsthalle Rotterdam, *Leve de Schilderkunst! Terug naar de figuur*, Róterdam: Veenman Publishers, 2007, p. 168-169 (cat. exp.)
Brewinska, *Maria, Wilhelm Sasnal. Lata walki*, Varsovia: Zacheta National Gallery, 2007 (cat. exp.)

2006

Stedelijk Museum, *The Vincent van Gogh Biennial Award for Contemporary Art in Europe 2006*, Áms- terdam: Stedelijk Museum, 2006, pp. 57-69, ill.
Museu de Arte Contemporânea de Serralves (ed), *Imagens Em Pintura/Images in Painting*, Oporto: Fundação Serralves, 2006
Villa Manin Centro d"Arte Contemporanea (ed.), *Infinite Painting. Pittura Contemporanea e Realismo Globale - Contemporary Painting and Global Realism*, Tolmezzo (Udine): Andrea Moro, 2006 (cat. exp.)
Esche, Charles, Öktem, Esra Sarigedik, *Wilhelm Sasnal. Paintings & Films*, Eindhoven: Van Abbemuseum, 2006 (cat. exp.)
Hutchinson, John (ed.), *Wilhelm Sasnal*, Dublín: The Douglas Hyde Gallery, 2006-2007 (cat. exp.)
Ronduda, Lukasz, *Wilhelm Sasnal - USA*, Varsovia: Center of Contemporary Art Ujazdowksi Castle, 2006,

2005

Saatchi Gallery (ed.), *The Triumph of Painting*, Londres: Jonathan Cape, 2005 (cat. exp.)
Huser, Natalia, *Wilhelm Sasnal: Ein zeitgenössischer polnischer Künstler und seine Malerei im Spannungsfeld zwischen Rückbesinnung auf die kulturelle Identität und Globalisierung*, Zúrich, Lizenziatsarbeit der Philosophischen Fakultät der Universität Zürich, 2005
Mytkowska, Joanna, Przywara, Andrzej, Fundacja Galerii Foksal (ed), *Prym*, Fráncfort: Revolver, 2005, columna 20-21, ill.

2004

Adriani, Götz (ed.), *Werke aus der Sammlung Boros*, Ostfildern-Ruit: Hatje Cantz, 2004, pp. 264-285, ill. (cat. exp.)
Nakas, Kassandra, *Funny Cuts. Cartoons and Comics in Contemporary Art*, Bielefeld: Kerber Verlag, 2004 pp. 53-56, ill. (cat. exp.)
The Hydra Workshop (ed.), *Wilhelm Sasnal*, Hydra, Grecia: The Hydra Workshop, 2004 (cat. exp.)

2003

Plath, Corina, Ruf, Beatrix (ed.), *Wilhelm Sasnal. Night Day Night*, Ostfildern-Ruit: Hatje Cantz Verlag, 2003, ill. (cat. exp.)

"Vitamin P., New Perspectives in Painting", Londres: Phaidon Press, 2003, pp. 288-289, ill.

2002

Kunstmuseum Basel/Museum für Gegenwartskunst Basel (ed.), *Painting on the Move*, Basilea: Schwabe Verlag, 2002, pp. 251, 254, 256, 259, ill. (cat. exp.)

Esche, Christoph, *Urgent Painting*, París: Editions des Musées de la Ville de Paris, 2002 (cat. exp.)

2001

Szymczyk, Adam, *1st Tirana Biennale*, Milán: Giancarlo Politi Editore, 2001, p. 372 (cat. exp.)

ARTÍCULOS | ARTICLES

2009

Basciano, Oliver, "Wilhelm Sasnal: Sadie Coles", en: *Modern Painters*, Londres, septiembre 2009

Kantor, Jordan, "Wilhelm Sasnal, K21 Kunstsammlung Nordheim-Westfalen", en: *Artforum International*, Nueva York, septiembre 2009

Kalb, Reinhard,"Wilhelm Sasnal im Neuen Museum Nürnberg", en: *www.nz-online.de*, Núremberg, 24 julio 2009, ill.

Lack, Jessica, "Artist of the week 48: Wilhem Sasnal", en: *guardian.co.uk*, Londres, 8 julio 2009, ill.

McLean-Ferris, Laura, "Exhibitionist: The best art shows to see this week", en: *guardian.co.uk*, Londres, junio 2009, ill.

Mooney, Christopher, "When Luc Tuymans met Wihlem Sasnal", en: *Art Review,* febrero 2009, pp. 42-49, ill.

"Profiles", en: *www.culture.pl,* Varsovia, mayo 2009, ill.

Altmann, Susanne, "Made in Poland", en: *Art das Kunstmagazin*, Hamburgo, enero 2009, pp. 18-29, ill.

"You're telling me that, but what do you want with it, what are you aiming at?", en: *Video Zone, The 4th International Video Art Biennial in Israel*, p.186-178 ill.

2008

"Wilhelm Sasnal", en: *Beaux Arts Magazine*, París, noviembre 2008, pp. 152-155 ill.

Lavrador, Judicael, "sonic art", en: *bc 05*, invierno 2008, pp. 24-27, ill.

McLean-Ferris, Laura, "Glasgow International Festival", en: *Art Review*, Londres, nº 13, junio 2008, p. 140

"Schlafen kannst du, wenn du tot bist", en: *Monopol*, Berlín, nº.4, abril 2008, p. 48, ill.

Cumming, Laura, "Glasgow makes a show of itself", en: *The Observer*, Londres, 20 abril 2008, p. 18, ill.

Searle, Adrian, "What a riot", en: *The Guardian*, Londres, 15 abril 2008, pp. 23-25, ill.

Brewinska, Maria y Cavallucci, Fabio, "Wilhelm Sasnall. Anni di lotta", en: *Work. Art in Progress*, Trento, primavera 2008, pp. 7-22, ill.

Sack, Adriano, "American Beaury", en: *Monopol*, Berlín, marzo 2008, pp. 58-67, ill.

Rodchenko, Alexander, "Roman Signer: force of nature", en: *Art World*, Londres, nº 3, febrero-marzo 2008, pp. 122-123, ill.

Morris, Jane, "Wilhelm Sasnal: Rodchenko opens up possibilities for interpretation", en: *Art World*. nº3, febrero-marzo 2008, pp.122-123, ill.

Brewinska, Maria, "Wilhelm Sasnal. Dipingere è qualcosa di ordinario", en: *Flash Art Italia*, Milán, febrero-marzo 2008, pp. 64-69.

Mooney, Christopher, "When Luc Tuymans met Wilhelm Sasnal...", en: *Art Review*, nº19, febrero 2008, pp. 42- 49, ill.

Ronduda, Lukasz, "Wilhelm Sasnal. Delux Punk", en: *MAP*, Londres, nº 13, primavera 2008, pp. 26-31, ill.

Coggins, David, "Wilhelm Sasnal at Anton Kern", en: *Art in America*, Nueva York, enero 2008, p. 128, ill.

2007

"Wilhelm Sasnal", en: *Work. Art in Progress*, Trento, invierno 2007-2008, p. 62, ill.

Charlesworth, JJ, "The Painting of Modern Life", en: *Art Monthly*, Londres, noviembre 2007, p. 28-29, ill.

Büsing, Nicole; Klaas, Heiko, "Gesellschaftsbilder. Zeitgenössische Malerei", en: *Artist*, Bremen, nº 73, 2007, pp. 48-55, ill.

"Wilhelm Sasnal", en: *Monopol*, Berlín, nº 10, octubre 2007, p. 141, ill.

Higgins, Charlotte, "Artists's striking reworking of crash photo", en: *arts.guardian.co.uk*, 5 octubre 2007, ill.

Renner, Sascha, "Art-iger Glanz", en: *Züritipp*, Zúrich,14 junio 2007, p. 35, ill.

"Die teuerste Woche aller Zeiten", en: *Monopol*, Berlín, nº 7, julio 2007, pp. 104-107, ill.

Gilman, Claire, "Wilhelm Sasnal", en: *Frieze*, junio-agosto 2007, p. 243, ill.

"Neues aus den Galerien", en: *Informationsdienst Kunst*, Regensburg, nº 378, 31 mayo 2007, p. 20

"art & market. Wilhelm Sasnal", en: *tema celeste*, Milán, marzo-abril 2007, p. 95, ill.

"Amsterdam: Vincent van Gogh Preis an Wilhelm Sasnal", en: *Kunstbulletin*, Zúrich, enero-febrero 2007, p. 86, ill.

"Artworld", en: *Art in America*, Nueva York, enero 2007, p. 174

2006

Luxembourg, Daniella, "Polens junge Neugier", en: *ARTnvestor*, 1 diciembre 2006, nº 6, p. 54, ill.

"Wilhelm Sasnal", en: ARTnvestor, 1 diciembre 2006, nº 6, p. 60, ill.

Hafner, Hans-Jürgen, "Ist das Leben nicht schön? Kapitel 2: Wilhelm Sasnal", en: *Kunstforum International*, Ruppichteroth, Bd. 182, octubre-noviembre 2006, pp. 349-349, ill.

Coomer, Martin, "Not Being Boring: Wilhelm Sasnal", en: *Art Review*, Londres, nº 04, octubre 2006, p. 36, ill.

Sasnal, Wilhelm, "October Manifesto", en: *Art Review*, Londres, nº 04, octubre 2006, p. 16, ill.

"Ist das Leben nicht schön?", en: *Artist Kunstmagazin 67*, Bremen, julio 2006, nº 2, p. 11

Danicke, Sandra, "Der Besessene", en: *Art*, Hamburgo, julio 2006, nº 7, p. 82, ill.

(Reseña) "Wilhelm Sasnal", en: *Monopol*, Berlín, nº 3, junio-julio 2006, p. 134, ill.

Ruchel-Stockmans, Katarzyna, "Wilhelm Sasnal", en: *Flash Art*, Milán, mayo-junio 2006, vol. XXXIX, nº 248, p. 130, ill.

Martinez, Chus, "Looking Forward", en: *Frieze*, Londres, nº 96, enero-febrero 2006, pp. 124-125, ill.

"United States. Our selection A-Z: New York", en: *What"s on* [en: *The Art Newspaper*], Nueva York, vol. XV, nº 165, enero 2006, pp. 2-3, ill.

Ronduda, Lukasz. "Wilhelm Sasnal - USA", Varsovia/PL: Center of Contemporary Art Ujazdowski Castle, 2006

2005

Garneet, Craig, "writing", en *Purple Fashion*, París, nº 4, otoño-invierno 2005-2006, ill.

Wei, Lilly, "Report from Iceland. Nordic Odyssey", en: *Art in America*, Nueva York, noviembre 2005, pp. 72-77, ill.

"Tauschgeschäft: Raster nach Berlin, Johnen nach Warschau", en: *Monopol*, Berlín, octubre-diciembre 2005, p. 18, ill.

Bellini, Andrea, "There Are No Rules. An Interview With Wilhelm Sasnal", en: *Flash Art International*, Milán, vol. XXXVIII, nº 243, julio-septiembre 2005, pp. 88-90, ill.

Neuenschwander, Simone, "Wilhelm Sasnal. New Ruins", en: *Flash Art International*, Milán, vol. XXXVIII, nº 243, julio-septiembre 2005, pp. 84-87, ill. (portada)

Sasnal, Wilhelm, "Replay: The prettiest child in the world", en: *Flash Art*, vol. XXXVIII, nº 243, julio-septiembre 2005, p. 134, ill.

Politi, Gea, "Reykjavik Arts Festival", en: *Flash Art International*, Milán, vol XXXVIII, nº 243, julio-septiembre 2005, p. 117, ill.

Kent, Sarah, "Paint it back", en: *Time Out*, Londres, 13-20 julio 2005, p. 64, ill.

Soboczynski, Adam, “Anatomie eines Aufstiegs”, en: *Monopol,* Berlín, nº 3, junio-julio 2005, pp. 64, 66, ill.
Benhamou-Huet, Judith, “Boom sur l”art contemporain à Bâle”, en: *Les Echos*, París, 24 junio 2005, p. 6, ill.
“Bâle, la frénésie acheteuse”, en: *Le Figaro*, París, 17 junio 2005, p. 29, ill.
Manacorda, Francesco, “Reykjavik Arts Festival”, en: *Artforum International*, Nueva York, vol. XLIII, nº 9, mayo 2005, p. 144
Velez, Marcel Andino, “Sasnal na Dzikim Zachodzie”, en: *Przekroj Weekly Magazine*, Varsovia, 14 abril 2005, pp. 88-93, ill.
“M Stadt. Europäische Stadtlandschaften”, en: *Joanneum Aktuell*, Graz, nº 3, 2005, pp. 2-3
Kuni, Verena, “Funny Cuts in der Staatsgalerie”, en: *Kunst-Bulletin*, Zúrich, vol. 3, marzo 2005, p. 54
Spiegler, Marc, “L'ere de la spéculation est arrivée”, en: *Le Journal des Arts*, París, nº 208, 4-17 febrero 2005, p. 26, ill.
Adam, Georgina, “Welcome back to the mainstream”, en: *The Art Newspaper*, Nueva York, nº 154, enero 2005, p. 46
Schmid, Karlheinz, “Die Aufsteigerinnen. Die nächste Künstler-Generation tritt an”, en: *Kunstzeitung*, Regensburg, nº 101, enero 2005, p. 8

2004

“Wilhelm Sasnal”, en: *NZZ Ticket* (en *Neue Zürcher Zeitung*), Zúrich, 9 diciembre 2004, p. 33, ill.
Spiegler, Marc, “Ein Boom, aber noch kein Markt”, en: *The Art Newspaper*, Nueva York, 5 diciembre 2004, p. 5
K.M., “Wilhelm Sasnal. Ein Augenmensch”, en: *Schweizer Illustrierte*, Zúrich, 29 noviembre 2004, p. 97, ill.
Kantor, Jordan, “The Tuymans Effect”, en: *Artforum*, Nueva York, noviembre 2004, pp.164-171, ill.
Hoffmans, Christiane, “Ein Boom, aber noch kein Markt”, en: *Welt am Sonntag*, Berlín, 15 agosto 2004, p. 57, ill.
Von Heydebreck, Amélie, “Hundert winzige Revolutionen, dann wären wir zufrieden”, en: *Monopol. Das Magazin für Leben und Kunst*, Berlín, nº 2, junio-julio 2004, pp. 24-27
“Basel on my Mind”, en: *Monopol. Das Magazin für Kunst und Leben*, Berlín, nº 2, junio-julio 2004, pp. 14-21
Dailey, Meghan, “Painting Recording/Malerei als Aufzeichnung”, en: *Parkett*, Zúrich/Nueva York, nº 70, mayo 2004, pp. 60-69, ill.
Szymaczyk, Adam, “Schlamm/Sludge”, en: *Parkett*, Zúrich/Nueva York, nº 70, mayo 2004, pp. 71-80, ill.
Jansen, Gregor, “Petite Sensation/Petite Sensation”, en: *Parkett*, Zúrich/Nueva York, nº 70, mayo 2004, pp. 82-93, ill.
GT, “Wilhelm Sasnal ist der polnische Roy Lichtenstein”, en: *Die Welt am Sonntag*, Berlín, 25 abril 2004
Freia, Oliv, “Leidenschaft fürs Schlichte”, en: *Münchner Merkur*, Múnich, nº 116, 2004, p. 7, ill.

2003

Puvogel, Renate, “Wilhelm Sasnal”, en: *Kunstforum International*, Ruppichteroth, nº 167, noviembre-dicembre 2003, pp. 338-340, ill.
sb, “Wilhelm Sasnal in der Kunsthalle und im Westfälischen Kunstverein”, en: *Kunst-Bulletin*, Zúrich, nº 11 noviembre 2003, p. 74, ill.
Artist, Bremen, nº 4, invierno 2003, p. 12
“Wilhelm Sasnals eigenwillige Befragung der Medienrealität”, en: *Schweizer Illustrierte*, Zúrich, 29 octubre 2003, ill.
Sailer, Alexia, “Bis zur Atombombe”, en: *Südkurier*, Konstanz, 24 octubre 2003, ill.
Von Burg, Dominique, “Wenn Lautsprecher malen können”, en: *Zürichsee Zeitung*, Stäfa, 14 octubre 2003, ill.
Zsz, “Erste Einzelausstellung”, en: *Zürichsee Zeitung*, Stäfa, 14 octubre 2003, ill.
“Pinselsurfer durch Stilwelten”, en: *Annabelle*, Zúrich, 8 octubre 2003
Illies, Florian, “Die jungen Polen kommen!”, en: *Monopol. Das Magazin für Leben und Kunst*, Berlín, octubre 2003, pp.45-52, ill.

Oberholzer, Niklaus, "In der Malerei der Welt der Bilder begegnen", en: *Neue Luzerner Zeitung*, Lucerna, 1 octubre 2003, ill.
Carmine, Giovanni, "Wilhelm Sasnal", en: *Flash Art*, Milán, octubre 2003
Suerland, Harald, "Räder ohne Flugzeug. Gemälde von Wilhelm Sasnal", en: *Westfälische Nachrichten*, nº 218, 20-21 septiembre 2003, p. R KL 1, ill.
GM, "Wilhelm Sasnal", en: *NZZ am Sonntag*, Zúrich, 14 septiembre 2003, ill.
"Sasnal", en: *Edelweiss*, septiembre 2003, ill.
Zappa, Désirée, "Ein Memory-Spiel mit gefälschten Karten", en: *Tages Anzeiger*, Zúrich, 28 agosto 2003, ill.
Neubauer, Susanne, "Videoarbeiten von "malerischer" Qualität", en: *Aargauer Zeitung*, Aargau, 27 agosto 2003
Wüst, Karl, "Eine bunte Kunstreise", en: *Bieler Tagblatt*, Biel, 25 agosto 2003
Cerf, Tristan, "A Zurich, 42 galeries jusqu' au bout de la nuit", en: *Le Temps*, Ginebra, 25 agosto 2003
Affentranger-Kirchrath, Angelika, "Blick aus dem Fenster", en: *Neue Zürcher Zeitung*, Zúrich, 23-24 agosto 2003, ill.
alm, "Wilhelm Sasnal", en: *Basler Zeitung*, Basilea, 23 agosto 2003, ill.
"Wilhelm Sasnal", en: *Praxis. Schweizerische Rundschau für Medizin*, Berna, 20 agosto 2003
"Wilhelm Sasnal", en: *www.artrepublic.com*, 7 agosto 2003
Landsman, Mark, "For your pleasure", en: *Frieze*, Londres, nº 75, mayo 2003, pp. 80-84, ill.

2002

Szymczyk, Adam, "Wilhelm Sasnal", en: *Flash Art*, Milán, vol. XXXIV, nº 226, octubre 2002, p. 95, ill.
Christofori, Ralf, "Wilhelm Sasnals Realismus", en: *Kunst-Bulletin*, Zúrich, nº 9, septiembre 2002, pp. 14-19, ill.
Naef, Maja, "Zwischenbilder. Painting on the move-das Zusammenspiel der Malerei", en: *Kunst-Bulletin*, Zúrich, nº 7-8, julio-agosto 2002, pp. 46-51, ill.
Koerver, Hans Peter, "Bomben aus dem Ballon", en: *Kölner Stadt-Anzeiger*, Colonia, nº 114, 18-19 mayo 2002
Vielhaber, Christiane, "Künstlerische Welterkundung", en: *Handelsblatt*, Düsseldorf, nº 30, 12 febrero 2002
Bartelik, Marek, "Import/Export. The Place "In Between", en: *Art in America*, Nueva York, vol. 90, nº 1, enero 2002, pp. 40-47, ill.

TRADUCCIÓN | TRANSLATION

FRANCISCO DE LA TORRE PRADOS | Mayor of Málaga

Wilhelm Sasnal, without doubt one of the most innovative and influential European artists today, presents a new exhibition at CAC Málaga. This is his most important solo exhibition in Spain to date, comprising his last ten years of artistic creation.

Around twenty paintings and a film make up the exhibition. The Polish artist takes his themes from everyday life, at times exploring superficial details, at others turning his gaze on advertising, newspapers, film or literature. Take, for example, the pictures of athletes competing and the man burning cartoons that we can find in this new show at CAC Málaga. At first glance, these are subjects might seem easy to identify yet, in reality, they carry the most complex of underlying stories.

I should like to take this opportunity to invite people of Málaga and visitors alike to come and enjoy this interesting new proposal at CAC Málaga, and to thank Wilhelm Sasnal for his personal involvement in the project. There can be no doubt that initiatives such as this can only serve to fuel our campaign to ensure Málaga's designation as European Capital of Culture 2016. As Sasnal is from Poland, there also will be a Polish city sharing that distinction with a Spanish counterpart, which we hope to be Málaga.

This focus on European contemporary art is, precisely, one of the main pillars on which our candidature rests, and has also been a major focus of our work for years.

FERNANDO FRANCÉS | Director of CAC Málaga

Wilhelm Sasnal is possibly the leading figure amongst the new generation of European artists. Sasnal's work refers to Pop Art, photorealism, comic books and even minimalism, focusing, whether painting or video is the chosen medium, on themes taken from everyday life or from local or global current affairs. Sasnal is an impulsive artist, one who works quickly. Spontaneity and intuition feature strongly in his work, establishing a direct communication with the spectator thanks to his ability to translate complex scenarios into pictorial reality.

Wilhelm Sasnal (Tarnów, Poland, 1972) presents his most important solo exhibition in Spain to date at CAC Málaga for, although his works are well represented in collections of diverse natures here, they have been little shown publicly in this country until now. A score of pieces and a film made in 2006 provide a ten-year overview of the creative production of Poland's currently most renowned artist. Ranging from the abstract to the figurative, all the works reflect Sasnal's enormous stylistic and technical versatility.

Wilhelm Sasnal developes his oeuvre through film-making and painting. He finds his inspiration in his own existence as an artist, in his everyday life, in his relations with the world and Poland, in the place where he lives and works, in his family relationships... Sasnal explores seemingly-trivial themes, as well as issues related to advertising, film, literature or the media, which exert on him a special fascination.

Wilhelm Sasnal's exhibition at CAC Málaga reveals an artist who interprets his surroundings through a subjective, intimate reading. His paintings, markedly intellectual in nature, are always imbued with a highly complex underlying story. In terms of style, these paintings are sometimes figurative, sometimes expressionist, abstract or schematic.

This new exhibition at the Contemporary Art Centre of Málaga pursues the goal of introducing citizens to the most representative artistic trends on the international scene. Wilhelm Sasnal belongs to a generation of artists who use art to reflect on their own lives, an approach that makes their creations rich but difficult to classify. Though he is still considered an emerging artist, the renown that Sasnal has achieved on an international level has also helped to make his country, Poland, a reference in art today.

THIS ELUSIVE THING CALLED PAINTING | Fernando Huici

Throughout this first decade of the 21st century, Wilhelm Sasnal has had a recurring presence in many impacting shows that have come to propose some type of evaluation of the state of painting from various perspectives as the turn of the century was approaching. Thus, in 2002, even before he held his first solo exhibition outside Poland, we found him already included in projects such as *Urgent Painting* at the Musée d'Art Moderne de la Ville de Paris and *Painting on the Move* at the Kunsthalle in Basel; once again three years later in the second presentation of *The Triumph of Painting*, a series that commemorated the Saatchi Gallery's 10th anniversary; and, most recently, in *The Painting of Modern Life* at the Hayward Gallery in London and *Imagens em pintura* at the Museu Serralves. His inclusion in these group exhibitions obviously pegged him right away as one of the distinct representatives *par excellence* of the new pictorial approaches that were appearing on the European scene. However, in many of these exhibitions, he was also more specifically associated with that family of painters who take photographic materials as the point of departure for their work, such as was the case in the shows at the Kunsthalle, the Hayward and the Museu Serralves.

In any case, it is clear that throughout the course of his career, Sasnal has made an unusual use of photography as an original point of reference in his painting. It must be said that photography here is to be understood in the widest sense; when serving as a trigger for his iconic compositions and series, it indistinctively covers snapshots taken by Sasnal himself and film stills, as well as images taken from all kinds of graphic media and the Internet. In his early activity, and in keeping with the strategy of distancing associated with shared pop inclinations when he became integrated into the Ladnie Group in the second half of the 1990s, these images took the form of an immediate, cold and radically literal transfer to canvas aimed at eclipsing any subjective and aestheticising drive. Within the selection that composed the show at the CAC Málaga, this method could still be associated with the sequence unfurled by his series on athletes and a painting such as *Untitled (Burning cartoons)*, the latter of which refers us to the confrontation of contemporary Polish history that emerges cyclically in Sasnal's oeuvre.

Nevertheless, it is more difficult to continue recognising the link with photography in the evolution that drives his creative activity as the 1990s moved on. Just as the artist himself indicated in statements made at the time of the group exhibition at the Hayward Gallery, starting in 2002 he gradually and increasingly had to impose, as he defined it, the maximum distance between the photographic source and the painted image in such a way that the final painting becomes an independent truth. This process, which radically alters the focus of pictorial execution, finally leads to that syntactic tower of Babel which so many critiques of Sasnal's work highlight with repeated insistence when they state that the enunciation of his painting sets out a random spectrum spanning from hyperrealism and pop articulation to expressionist tearing and informal and geometric abstraction. Once this point has been reached, one gets the feeling that, in the end, neither the allusion to persistence in the use of photographic triggers nor the mere enumeration of this tentacular and random array of codes of language can tell us anything definitive. Or rather, at the very least, what is essential in relation with nature specifically is not that which distinguishes this always elusive thing called painting, nor does anything in the gestation process determine the particular identity of each painting or series.

With regard to the role fulfilled by the photograph in this most recent approach, the example that Sasnal described during a conversation he had with Maria Brewinska is enlightening. Sasnal told how, while driving a car that same day, he had seen a crow holding something in its beak, and that this image suggested the possibility to him that here was a point of departure for a potential painting. The next step would be to forget this initial image, which only acts as a start button to get the mechanism up and running, and begin to comb for many other images of crows on the Internet – as many as possible – without looking for anything in particular, until finally finding one which would impose itself without the need to choose it consciously: a definitive germ for the painting. Next would come the development of pictorial execution, which Sasnal defines in very graphic terms as similar to digging a hole in one's own stomach, a process of introspective inquiry over the course of which the specific typology of the painting is determined. Strictly speaking, it is possible that neither that first casual glimpse nor the photographic image that finally imposes itself as a germ for development are truly in and of themselves the theme or base motif of the painting, but rather elements of mediation that facilitate the way to tackle it. In brief, the themes to which Sasnal's paintings refer can be of a very wide and varied order, to include the artist's own experiences or perceptions of everyday reality, references to the universe of objects, adolescence as a phase of initiation, religion, awareness of the evils of the Holocaust and the era of the Polish People's Republic. The focus of this approach often tends to be oblique, taking a partial or marginal element to evoke its subject. This is the case with his settings, such as, for example, vistas of certain urban locations to evoke an episode or experience associated with the Socialist period, or when he isolates the backgrounds of the cartoons in Spiegelman's *Maus* in a 2001 series to suggest the clamour of a terrible absence by means of inert lines. He even manages to condense an appeal to a motif into a date, as he seems to do in negative in the case of *1977*, also on display at the CAC Málaga, with the profile of the numbers cut out of the canvas, and with oil, as if it were blood, dripping from the resulting empty space. In fact, this is not the only piece from the show conceived in Málaga in which the artist makes a hole in a canvas, a resource incorporated by Sasnal in recent years. Of the two still lifes included in the selection, one invokes a group of objects *in absentia* based on their profile, cross-sectioned with a knife, in the great empty space in the centre of the composition. In the same way, we meet up with this resource of suggested totality based on the focalisation of one of its elements in a well-known composition from 2003, *Anka and Ewa*, in which the profile of the artist's companion can be seen, and behind which we intuitively perceive the blurry silhouette of the second woman mentioned in the title blended with the shadow that her head casts against the background, almost like a radiating halo. This focus is almost identical to the one in another painting by Sasnal with the shaft of a column first of all, and with the vague echo of the remaining columns aligning as if to suggest, in eloquent resonance, the inside of a temple.

Yet we know that another approach also exists in Sasnal's work which runs parallel to painting and is no less important, the origin of which actually goes back almost to the beginning of his training in the Academy of Fine Arts in Krakow. I am referring, of course, to his aspect as a filmmaker, a field he began to explore around the middle of the 1990s, driven by the fascination he felt for the experimental animation work of his compatriot Ryszard Antoniszczak. His interest was in film, it must be stressed, not video, and so Sasnal made his films in Super 8 or 16 millimetre, given that he prefers the material quality of the still shot and its specific density, which he considers similar to that of oil, as well as the mysterious quality of the image sustained by the ray of light that crosses a semi-dark space. This is something that he seems to seek out in a film from 2007, which starts off with some linked performances by Elvis downloaded from the Internet onto a laptop screen, which focus on a suspended microphone that captures the sound of the computer itself; a sequence of which we will see the full version in the second part of the film, but this time projected onto the wall of a room and emerging – a film within the film – from the projector that presides over the centre of the scene.

Of course it is clear that Sasnal's films, the heterogeneity and dispersion of which in terms of the exploration of expressive resources is of a similar calibre as that of his canvases, opens up a field entirely distinct from painting – at least in principle. Their unfurling and modulation in time, which liken them to the sphere of music, with which the cadence of the image is so often interlinked, just like narrative construction itself, drive him to explore issues and formulations expressive of another order within the logic and resources inherent in the medium. In fact, it can take an analytical path built from the superposition and interaction of different audiovisual supports, such as happened in the case of the film described above or when committing, as occurs in the title work projected as part of the current exhibition, to a more ambitious and complex poetry of documentary approximation. Of considerable length, *The Ranch*, filmed in 2006, is a kind of road movie that turns its unique and paradoxical gaze to the very depths of America. It contains sequences of an implacable harshness along the way, such as the scene at the ranch which gives the film its title, in which workers brand and castrate bull calves; then, immediately afterward and with no compunction, roast the recently emasculated testicles on the spot to snack on them; as well as hilarious scenes such as the guy dressed as Mickey Mouse who climbs a mountain of rubbish while Goofy and his sweetheart Minnie Mouse sit waiting for him on the side.

Even so, the way I see it, in Sasnal's films we frequently find eloquent vectors of confluence toward the parallel universe of his paintings. And here I am not referring to the mere presence in his films of inclinations and iconic motifs that we repeatedly find in his paintings (urban locations, objects, cowboys, airplanes, etc.), but rather registers of a more sophisticated order which I believe reveal substantial aspects with relation to the pictorial perspective. A good example of this is found in another early film from 2002, *The Band*, which curiously has no sound and in which Sasnal, camera in hand, films the performance of a music group in a nightclub. Filmed with no other light than the stage lighting for the concert, the fleeting sparkles of the musicians and their instruments, as well as of the bodies dancing before the bandstand, irrupt randomly onto the black screen so fragmentarily and vaguely that at first glance we would say we are watching an abstract animation sequence. The first element to which the light grants clear prominence, if only for an instant, is the drum set, which provides us with a nexus for another painting in the exhibition, *A drum set 2*. Even so, this coincidence of the object-as-motif is not what is important, but rather another, more subtle point of analogy that joins together the treatments given in both cases: the dazzling movements of the filmed drums under the sudden glare of the spotlights and the dynamic struggle that the drum discs establish between light and shadow in the painting. Something similar happens in another short film made the same year. In a fixed shot, the camera faces a window which frames the milky clarity of a vague and evanescent exterior. In the glass we see the silhouette of a girl's head traced out by the backlight. Just like so many other times in Sasnal's paintings, we are contemplating an elusive face. This occurs again among the paintings in the exhibition: backlight on a dark body, in imitation of *Spinario*, from a canvas from 2007, like the downcast character in the wretched room of *A club*, or in another where only a touch of light on the nose and chin or on the back of the hand allows us to guess we are viewing someone crouching in their dark lair. In the film, only the silhouette that traces the edge between light and shadow lets us identify the girl. Then, another lurking head enters our field of vision from the left, and both melt together in a kiss that dilutes their respective profiles into a single, formless and undulating spot of blackness. This is a theme, by the way, which Sasnal tackled again in a recent painting, a composition showing two heads kissing, whose faces merge together in an indistinct continuity of flesh. We could go on. For example, as if it were a *tableau vivant*, the general fixed shot in *Sisters* (2004) shows us three static girls in a room who twice vary their positions in the scene, and thereby the composition as well, an effect accentuated at the end with a radical change in lighting that provokes (as we might have expected) a blinding backlight. Of course we do not see their faces here either. We don't see the face of the girl who, in the foreground, turns toward her sisters, nor that of the girl who, now standing, ends up with her head outside the shot, nor even those who remain in the shadowy background.

We undoubtedly realise, with the indistinct attention paid until now to both film and painting, that from this entire constellation of features which are thinned-out in a somewhat whimsical and partial way in Wilhelm Sasnal's polymorphous and voluntarily non-systematic production, a revelatory sediment finally descends to the bottom in which it is possible to make out the trace of certain poetic articulations and strategies in which, beyond the mere appeal to the use of photography or the eclectic movement through all kinds of expressive codes, the kernel of meaning formulated by the artist seems to sketch itself in a more defined way. For it is certainly true that Sasnal, born with the failure of the dream of modernity already fully consummated, understands that there is no room to trust in the hope of a single, absolute and unbreakable code, just as there is no room to separate, as distinct things, reality from the specular kaleidoscopic replicant that constructs the technologies that circulate images. There is no doubt that both things are implicit in his work. And both participate, of course, within the instrumental framework of the operation. But they do not fix its centre, that path which is traced by means of endless angled perceptions, detours, outlines and painful sparkles wrested from the night, and which the artist arduously follows in search of the mystery that beats in the heart of an inaccessible vision.